自然与智慧

中国古代思想对现代科学与教育的启示

柏啸虎（Brian Bruya） 著
马爱菊 叶达 译

人民出版社

序

安乐哲

作为柏啸虎的“老”老师，我很荣幸为他即将出版的新著《自然与智慧》作序。柏啸虎研究的主要贡献也许是其代表多样性价值、广泛而有说服力的论点：激活我们彼此的思想和文化差异为彼此带来好的变化。在这部著作中，柏啸虎向我们展示了中国道家哲学经典中的“自然”概念，它可以激发我们的想象力，使我们打破思维定式并思索一种截然不同的思维方式，重新考虑人类经验中一个最基本的概念，即因果关系。世界上的学者（包括中国学者）大多根据西方课程及其类别将中国文化理论化、观念化，但是柏啸虎试图诉诸中国传统观念，将西方领域的行动哲学、认知科学和教育心理学理论化，以扭转这种持续存在的不对称性。

因果关系是本书的主要话题，这促使我开始思考一个私人问题：柏啸虎到底来自哪里？当年我是怎么认识这个年轻人的？随着时间的推移，他在比较哲学、认知科学、心灵与行动哲学、教育心理学等学科的交叉融合中专业地自我定义，已然成为一位独树一帜的哲学家。

20 世纪 90 年代中期，我首次知晓柏啸虎和他对中国哲学的兴趣，美国双日出版社（Doubleday）邀请我为《孔子说——仁者的叮咛》撰写前言，这是蔡志忠的《中国哲学漫画丛书》的其中一本，由柏啸虎翻译，并由普林斯顿大学出版社和双日出版社出版，广受好评。得知与我同时代的一些顶级汉学家，像孟旦（Donald Munro，密歇根大学）、叶山（Robin Yates，麦吉尔大学）、陈汉生（Chad Hansen，香港大学）等，都曾为将中国古代哲学呈现给大众、饶有趣味的系列书写过前言，我欣然答应。

此后不久，在华盛顿大学修过本科和在台湾的语言中心学过语言的柏啸虎到夏威夷大学攻读硕士学位，并于 2004 年拿到博士学位。在此期间，柏啸虎在撰写资助计划争取国家科学基金，创建基于网络旨在帮助学生学习文言文的平台等方面发挥了重要作用。20 世纪初新文化运动，改革家提出将白话文作为书面语。在此转变之前，中国的悠久传统被文言文记录并传承。目前在美国只有卡耐基分类研究Ⅰ型大学教授文言文，由于文言文只留在于纸面，主要是被书写和传播的，其他所有高校的学生都无法真正接触到这种文化。他的动力始于此并惠及他的几位同学，他们因此得到了研究助理的职位。

柏啸虎不仅是一名经验丰富的教师，还是科研成果颇丰的学者，在他的职业生涯中已经向前迈了一大步。他已成为独特价值观的优秀代表，这些价值观广泛激发了比较哲学运动，并提升了他母校——作为世界哲学引力中心的夏威夷大学——的声誉。在他担任美国哲学协会“亚洲、亚美哲学家和哲学委员会”主席时，将中国哲学作为案例研究，反对研究生课程排斥多元文化主义。柏啸虎两次作为台湾大学傅尔布莱特学者，把美国实用主义带到中国，把中国哲学带回美国，他对多元化价值观的深入论证，已成为他的学生及所有人的学习范本。

在阅读本书时，我惊讶于它如何展现出作者及共享多样性带来的利益。作为教师、学者和哲学家，我们都是不同的，我们每个人都应尽最大努力为学术生态作出贡献。在我看来，柏啸虎及他的哲学方法一直是与众不同的，这种方法是最好的“焦点—场域思想”。当我们阅读时会发现，每段论述使用最普通的语言清晰而严谨地做出微妙的区分，感受到他在为我们逐步揭露论点。他解析中国古代道家和希腊经典哲学文本中晦涩难懂的术语，在他的启发下，那些复杂术语的细微差别变得简单易懂。作为优秀的老师，柏啸虎的耐心使我们遵循他的逻辑一步步前进，他的微笑和幽默又使我们兴奋不已。就这样，他论点的聚焦点越发清晰，正是通过他尖锐地聚焦论点中每一段与所在领域延伸的和全面性的概要观点进行对比，我们才逐渐理解并欣赏其说服力。回过头再看，我们发现他的所有论点都环环相扣。

我鼓励读者细读本书前言，前言不仅展示了柏啸虎的哲学风格，而且透露了他写这本专著的远见和动机。我认为，它实际上在说明作者如何通过“焦点—场域思想”对哲学关键术语“自然”加以精深的理解。他举例说，西雅图的微生物学家试图研制艾滋病病毒疫苗或是数学家中的佼佼者创建“Polymath”小组来解决棘手的数学问题，借以表明自己的观点：“在解决难题时，多样性比纯粹的智力更有效。”我立刻想到牛津剑桥大学餐桌安排背后的缘由，在那里，每个人进入餐厅都必须先坐满一张桌子的每个座位，才能使用新桌子。学院的每位成员都会被吸引到来自不同学科、致力于解决不同问题的杰出同事或客人的谈话中，而不是像平常一样，与来自同一部门的老朋友坐在一起。这种看似偶然的相遇所产生的刺激、协同却是催生新知识所不可或缺的。从本书的第四章，我们清晰地看到了柏啸虎的课堂教学风格，他努力追求整体主义和包容性，通过从学生那里引出深刻的问题，创建一个多元化和充满活力的探究社区。

本书前三章以“自然”为主题。柏啸虎自讨论伊始便指出“自然”的行动是来自内部而不是外部；用他的话来说：“自然源于内在的动作和行为，有多维因果关系，且不受外部干扰。”对他来说，“多维因果关系”不受是中央意识控制的，而是一种扩散、兼容并收、共同合作的因果关系。他回忆刘殿爵（D.C. Lau）对“自然”的恰当翻译，即“of its own accord”。

我尝试采纳柏啸虎的“多维因果关系”抽象概念，一切都是“of its own accord”而发生的，以使之具体化。我想援引一个区分外部、内部关系的理论，从而将本体论和生态思维分离。我们用“做人意味着什么”这一熟悉的案例，来看外部、内部关系的区别如何发挥作用。

在我们具有自由价值观的世界里，查尔斯·泰勒（Charles Taylor）将个人的自主和平等描述为“超善”：我们赋予最高优先权的规范性理念。自主和平等都建基于外部关系理论，我们与他人的关系服膺于我们自身。外部关系理论把人格完整及其带来的尊严置于优先地位，而不是相互依存或从中获得的一致性，也就是说，它优先考虑“平等”而不是彼此之间许多的分歧。因此，自主、平等的概念让我们感到个人的差异仅是“花样”——无意义的差异。我们之间当然存在差异，我们应该尽力认同和容忍，但在某种重要程度上，这些差异因我们既作为个人又要被平等对待的假设得以缓解。主张个人自主的人，他们之间的关系被视为是外在的、偶然的，而不是内在的、构成的。这些关于人作为独立实体的假设也引入了外部关系理论，同时引入了柏啸虎所描述的必然因而产生许多悖论。

当我们跟随柏啸虎，诉诸“自然”及内部关系理论，以中国过程性宇宙论来向以希腊本体论启发下的思维发起挑战时，就会想到诸如葛兰言（Marcel Granet）、李约瑟（Joseph Needham）和我的老师葛瑞汉（Angus

Graham）等先哲。他们在许多方面都已预料到我们这一代正尽最大努力恢复中国古代思想精髓，这些精髓不仅揭示了我们对自身及人类经验的不同思考方式，还为全面自我批判和创造性思维提供了基础。在职业生涯的这一阶段，我发现自己的大部分工作不过是试图使前人见解更清晰或寻找让见解更容易被接受的语言。

李约瑟深受葛兰言启发，以“自有因果和逻辑”的内部关系理论为基础，描述中国宇宙观。正是在寻找这种可替代的因果关系和逻辑的过程中，李约瑟带我们走进一扇门，就像爱丽丝一样，在镜子的另一边，他向我们分享了他与一个有点不稳定世界的相遇，将我们自己稳定下来的理性结构抛诸脑后：

> 中国思想中的关键词是“秩序”（order），尤其是“文理”（pattern）［以及“有机体”（organism），如果我可以首次悄悄提到它的话］。象征的联系或对应都组成了巨大的文理。事物以特定的方式运行，并非必然由其他事物的优先作用或推动，而是因为它们在恒动的、循环的宇宙中的地位使其被赋予了内在本性，使得运行对它们自身而言是必然

> 的。如果事物不以特定方式运行，它们就会丧失在整体中相对关系地位（这种地位使它们成为它们），而变成与自身不同的东西。因此，它们是赖于整个世界有机体而存在的各个部分。它们相互影响与其说是由于机械推动或因果关系，不如说是由于一种神秘的感应。①

葛兰言和李约瑟将“焦点—场域思想”归因于中国的宇宙论。这个宇宙论必须用视角性（aspectual）的语言来解释。两者（视角性的语言以及中国宇宙论）正如李约瑟所说“赖于整个世界有机体而存在的各个部分”和被“赋予了内在本性，使得运行对它们自身而言是必然的”。为理解李约瑟在这里的意思或更重要的是他所说的并不意味着什么，我们不得不诉诸于“自然”的内部关系理论及其意味着的整体性，即“多维因果关系”。关于因果关系，正如柏啸虎指出，考虑到“焦点—场域思想”的重要性、内在性和构成性，因果关系并不指先于并处于正在发生事物认知结构之外的行动者，而是谈

① Joseph Needham. *Science and Civilisation in China*, Vol. II. Cambridge: Cambridge University Press, 1956, pp. 280-281.

论关系本身的创造性、互相依赖性以及因果性。

如果我们把关系理解为第一层现实，把所有与众不同的“事物”都从中抽象出来，那么我们就必须把宇宙中被描述为“自生”或“自我创造”（自然）的因果关系视为生态无边界领域中特定焦点的背景或前景，一切都是原因，一切又都是结果。“自然因果关系”是指“自然”（self-so-ing）过程中的“自”（self）必然是独一无二的。事实上，它同时包含了所有的扩展关系，构成了其特殊关系矩阵，因为它们协作促成唯一的“然”（such-ing），使得这些特殊事物得以持续。因此，它的独特性不仅不排除它的关系，还反映了能够在共同构成它的关系中实现富有成效的聚结。简单地说，任何事物都会产生其他事物。因此，任何特定的事物都是其他事物的因果。

当我们把对“自然”的这种理解契合到“做人意味着什么”的问题上，最好不要从分离个体的自主、平等的角度来思考，而要以一种截然不同的生态方式来认知自我。由于关系构成的人与其他所有人相互依存、没有特定的界限，因此，在任何特定情况下作为“自主”的自治都包含着个人身份。这种身份肯定是集中的，不过在某种程度上却是分散的，“同时是一个和多个”。作为交换，这种个人身份必须把各方的相关利益视为它们已取得自主权的组成部分。这种相互依存的人的关系自主是彼此的机能，他们的特殊差异是协调的，在共享的、智能的实践中优化有意义的多样性。根据这种定义，关系自主是一种机能而不是某些个人意志的表达，它限定我们的合法目的并愿意尊重他人的利益，从而减少始终共享活动中的压迫。在这种情况下，对我们的家庭、政体和宇宙来说，“自然”理想是他们都是“自发的”（happening of their own accord）。正如柏啸虎所说：“我们只知道宇宙在移动，没有人在对宇宙施加外力，一切自然而然发生了。”

目　录

前　言

西雅图的科学家们在试图研制艾滋病病毒疫苗时，发现了一种似乎很关键的酶。在微生物学中，酶的形状很重要，因为不同的酶就像配对的锁和钥匙一样。因此，这个项目的科学家开始研究这些酶的形状。他们花了很长时间来弄清酶的确切形状，不过一直没有成功。他们设计出复杂的计算机模型，仍然无法解决问题。该项目进行了十年，但问题一直没有解决。科学家出于紧迫感，决定将项目公之于众以寻求帮助，他们把软件模型投入电子游戏中，然后将游戏分发给游戏玩家。三周后，游戏玩家就解决了这个难题。

让我们思考一下。微生物学家往往是相当聪明的人，而且他们绝对是各自领域中的专家。经过数年时间，他们都无法解开酶的形状之谜。但游戏玩家却在三周内就解决了这个问题。这是因为电子游戏玩家比科学家更聪明吗？答案是：不一定。让我们再看一个相似的故事。

蒂莫西·戈尔斯（Timothy Gowers）是一位著名的数学家。1998年，他获得了菲尔兹奖，菲尔兹奖就像数学界诺贝尔奖一样。在数学领域中，一直以来存在许多难题。有能力和非常聪明的数学家都在试图解决这些难题，但他们却都无法做到。戈尔斯采取了西雅图科学家的方法，邀请公众帮助解决这些长期存在的难题。另一位菲尔兹奖获得者，陶哲轩（Terence Tao），加入了“Polymath”小组，加入小组的还有其他人，诸如大学教授、高中数学老师和普通的业余爱好者。一般人会认为像戈尔斯和陶哲轩这样的伟大数学家，自己能够解决所有的问题，但事实并非如此。当然，这两位科学家作出了很大的贡献，不可否认的是，正因为有公众的参与，研究才最终取得进展。“Polymath”小组解决了其中的一些难题，并在数学期刊上发表了六篇论文。

我们从上述两个例子可以看到，像科学家这样的聪明人也无法独立解决难题。当他们把难题公之于众的时候，项目很快取得了一些进展。这是为什么？其间发生了什么？为什么增加更多的普通人会比小范围的聪明人能够获取更好的结果？让我们来探讨这些问题。

以上两个例子是笔者从密歇根大学的政治科学家斯科特·佩奇（Scott Page）那里得到的。他研究一门名为“多样性”（diversity）的学科，他和芝加哥洛约拉大学的数学家洪露（Lu Hong）的研究表明，在解决难题时，多样性要比纯粹的智力更有效。打个比方，在一个房间里，有十个非常聪明的人在处理一个难题，他们或多或少有着同样的背景，那么他们解决问题的成功率将低于十个有差异背景的一般聪明的人。笔者认为这是一个很重要的见解。

佩奇说，当考虑到多样性时，通常会考虑到身份的多样性，诸如性别、年龄、种族、性取向等。然而，最重要的是他所说的认知多样性。认知多样性有两个方面：视角和启发式（heuristics）。视角指什么呢？视角是我们如何组织世界上的信息，并将其进行分类、排列和关联。启发式是什么呢？启发式是指我们如何处理已经组织好的信息，以此解决问题。启发式方法就像一个解决问题的工具箱。

试举一例，假设你正在爬山，途中有一块巨石挡路。你恰好带着锤子可以来敲击巨石。可惜没有用。假设你身边还有九个人，且都带着一样的锤子。你们一起猛击岩石，仍然没有用。再假设有另外十个人也遇到了同样的情况，但他们有的有锤子，有的有其他工具，如便携式钻机、绳子、撬棍，甚至微型无人机。这十个人有了这些各式各样的工具，甚至其中有人可能会想到使用锤子作为杠杆，他们将有更大可能解决巨石问题。

身份多样性并不一定与认知多样性无关，事实是，身份多样性也许会有助于增加认知多样性。但是，它们也不一定相关。因此，应把问题的重点放在认知多样性上。

在哲学上，我们同样有许多难题。事实上，哲学家所做的，就是试图解决最困难的问题。哲学家不仅仅停留在哲学领域，他们可跨越多个研究领域，例如，医学伦理学、法律、生物学、物理学，等等。数百年来，哲学家一直致力于解决难题。不论是在哲学上，还是在跨领域的学术界中，笔者认为可以利用佩奇的见解以提高解决问题的能力。

让我们思考一下，学习是如何构建和组织的？假设有个学生刚进入大学，他将来要当生物学家。老师教导学生要像生物学家那样看待问题，例如在观察生物时，要从细胞、组织、器官、系统、物种等角度来入手。为什么学生被教导以这种方式来看待问题？因为对于生物学研究，这是最有效的方法。但是假设这个学生某天面临着一个长期存在的生物问题。解决这个问题的最好切入方法是从信息的角度，而不是从细胞和器官的角度。这学生感到很为难，因为他缺少解决问题的工具。

假设在物理学中，有学生被教导以离散体的形式来看待物体，这些离散体有规律地相互碰撞。后来的实验结果表明，物理也有随机性。那么，学生到底应该如何看待物体？

在每一个领域中，有一些被大家肯定的方法，它们其实是思维习惯，来自对取得成果和取得进步的最佳途径的信念。从这一角度来说，我们都被灌输到各自的领域教条中，如此一来，就使得每个领域都缺乏多样性。这就是为什么大学经常提倡学科交叉研究，即让有不同学科背景的人互相交流，以碰撞出新的想法。

试想一下，我们的学科建制是从哪里来的？大学由各个研究学科组成：生物学、物理学、人类学、文学、哲学等。这些学科都在西方（欧美）兴起，连大学本身也是。这意味着，不管世界任何地方，当学生被灌输到大学的学科中时，也会被灌输一种源自西方的思维方式。由于生物学起源于西方，自然继承了某些可以追溯到希腊人的预设。当学生学习生物学的时候，即使是土生土长的中国人，在他被教导要像生物学家那样思考时，也免不了无意中会应用这些预设。

我们在高中时被灌输科学的方法是没有偏见的，因此也没有无根据的预设。但这想法不切实际。正如以上提到的，如果想要在科学上有所成就，就必须从前人的观点切入。没有无源之水也没有无本之木。我们都潜意识地继承了老师的预设。一代一代，一直如此。

现在想想，在西方之外，比如在中国和印度，几千年来伟大的知识分子一直在思考人类的重要问题。在世界各地，聪明人把他们所思考的成果写成各种各样的文学、哲学、宗教和历史书。这些著作是认知多样性的角度和启发式的巨大工具箱。但当我们学习生物学、物理学、社会学甚至当代哲学时，我们把这些都抛到脑后。这本书旨在恢复这些古老的见解，这可以帮助我们提升智力，今天它可以作为一个新的认知工具箱，帮助我们解决难题。

如果佩奇是正确的，增加认知多样性可以帮助我们解决难题，如果传统文化是认知多样性的工具箱，那么，研究传统文化并将其观点和启发式方法应用于当今问题就是有道理的。

下面，笔者将给出具体事例，展示如何从中国先秦哲学中提取概念，并应用于当代哲学、认知科学和教育心理学。在每一个研究领域，将呈现如何引入这个概念，揭露一些隐含前提，并帮助我们取得进展。重点不只是假设如何去做，而是证明如何已经做到的。

第一章，首先介绍中国早期的“自然”概念，详细解释这一概念在中国早期道家语境中的含义，然后系统地搜集西方哲学传统中与之对等的概念，最后阐释为什么西方类似的概念实际上与之不同。进而表明“自然”这一概念是独特的智力资源，可以应用到行动和注意力的课题。第二章，将“自然”概念应用到西方哲学中一个长期存在的悖论中，证明这一个概念如何帮助我们在行动哲学中取得更大的进展。第三章，将“自然”概念应用到当代认知心理学，揭示注意力的隐含前提以及表明该领域能通过这一概念取得进展。第四章，讨论“智慧”概念，并展示如何从中国哲学中引入“修身”概念，这将首次证明智慧可以在学校教育环境中得到培养。

第一章

为何西方哲学中缺少“自然”概念

Ziran and Its Absence in Western Philosophy

一、道家中的自发自我因果，即自然行动①

将一个概念从一个传统思维系统导入另一个传统思维系统是很难的。在这一过程中，不仅语言不完全匹配，观念上也会存在偏差。譬如当天主教耶稣会传教士刚来到中国，试图向中国人解释他们的上帝观念时，发现把拉丁文“Deus”翻译成“上帝”无法引起“Deus”所引起的联想概念。所以，他们创造了一个新词——“天主”，如此一来，就可以与注入天主教原有的联想概念（比如造物者、圣子耶稣、圣母玛丽亚、原罪等）联系起来。

在本书的前三章，笔者将中国古代的自发自我因果

① 注：在西方哲学中，行动（action）不同于行为（behavior）、运动（motion）及运行（movement），行动（action）意味着自由选择和责任，行为（behavior）、运动（motion）及运行（movement）则不然。本书的第二章将进一步说明。

（spontaneous self-causation）概念，亦称之为自然行动，导入当代思想中。在先秦哲学中，有两个基本术语表示这一概念："自然"和"无为"。以下，将使用"自然行动"这一术语进行阐释。

第一步是在中国原来语境中解释这个概念。为做到这一点，笔者将在先秦道家文本中通过三种不同的方式进行阐释。首先，对"自然"进行阐释。其次，对"无为"进行阐释。最后，描述《庄子》中的关于技巧的片段。在原来语境中进行了全面的梳理之后，笔者将在西方哲学传统中寻找与之对等的概念。坦白说，笔者找不到完全对等的概念。20世纪之前，与之最接近的词是"spontaneity"（自发性）。随着对第一章内容的展开，这个词在西方哲学领域的成疑原因会变得明朗起来。

（一）自然

乍一看，翻译"自然"一词似乎很简单。它的意思是大自然，如森林、溪流、山脉和日落，大雁北迁，熊猫吃竹子，但这是在现代汉语中的意思。我们探讨的是它在先秦文献中的含义，尤其是在道家的《老子》《庄子》中。

在现代汉语中，大多数的词都由两个字组成，比如“鼻子”“地板”“皮肤”等。在古代汉语中，大多数的词只有一个字。因此，当我们看到古代汉语中的“自然”这一词，并想要确切理解它的意思时，最好将其拆分，分别看其中每一个字。当我们这样做的时候，就会发现这个词其实颇为复杂。

汉字“然”的含义本身很难定义，因为它以两种相关但不同的方式发挥作用。当它是单独一个词时，它的意思是“这样”或“像这样”或“这”。例如《老子》第 77 章先描述天道，接着讲“人道不然”，意思是人道其实不是这样的，而是不同的。现代汉语中的介词“然后”就是从这个意思上衍生出来的，把“然”和“后”结合起来形成“然后”(《老子》第 65 章中有“然后乃至大顺”)。从这个意思上讲，“然”也出现在第 54 章中(“吾何以知天下然哉”)，还有第 57 章（“吾何以知其然哉”)。

“然”也意味着具有某种外观或处于某种状态。在这个意义上，它总是紧跟着形容词出现。在《老子》第 26 章中有这样一个例子：“超然”——超脱世俗的样子。这样的用法也出现在《老子》第 53 章（“介然”）和 73

章（“繟然”）。

除了以上所述7次外，“然”在《老子》中出现5次，每一次都和“自”组合成“自然”。作为词中的第二个字，它的意思也是具有某种外观或处于某种状态。但是词中的“自”是什么意思呢？

如果问训诂学专家“自”是什么意思，他会说：很简单，它是一个介词，表示“从某个地方或时间出发或开始”。以下这些例子来自《老子》《庄子》，其中“自”表示“从”的意思：

自古及今（《老子》第21章）
自此以往（《庄子·齐物论》）
自吾执斧斤以随夫子（《庄子·人间世》）
自其同者视之（《庄子·德充符》）

然而，“自然”中的“自”并不意味着“从”，否则整个由两个字组成的术语就表示这样荒谬的意思：处于某种从的状态。

“自”的另一种意思是作为一个反身代词，意思是“自己去做”或“为自己而做”。例如：

自谓（《老子》第 39 章）

自遗其咎（《老子》第 9 章）

自知者明（《老子》第 33 章）

自事其心者（《庄子·人间世》）

不能自解者（《庄子·大宗师》）

这有可能是理解“自然”中“自”的一个更有效的途径。似乎符合这种模式的一个例子是“民自正”。在这种解释下，“民自正”意味着人民改正自己。然而，有趣的是，有些翻译家并不是这么想的。以下是两位著名的中国学者的译本：

The people of themselves become correct. ①

The people are rectified of themselves. ②

翻译家所说的“of themselves”是什么意思？

让我们把第一个“自”的反身代词解释（即“自己

① Wing-tsit Chan（陈荣捷）. *The Way of Lao-tzu*. New York: The Bobbs-Merrill Co., 1963.

② D. C. Lau（刘殿爵）. *Tao Te Ching*. New York: Penguin, 1964.

去做”或“为了自己而做”）叫做“典型解释”，把第二个解释（即“of themselves”的译法）叫做“特殊解释”。在典型解释中，有一个分离的主体和客体，主体对客体进行一些活动。主体和客体恰好是相同的。在这种解释下，句子由一个自己对自己进行的行为构成。这样的结构体现了主客二分法，并包含了意向性和明确的因果关系。

“民自正”中“自”的特殊解释又是怎样的呢？这是一种完全不同于表示事情发生的说法。它既没有指向性，也没有刻意性，更没有主客体二分法。这种“民自正”解释是与众不同的。

笔者认为，这种“自”的特殊解释是对“自然”中“自”的正确理解。这种解释强调的是动力而不是效果。因此，不是人民刻意纠正自己，而是人民变得正直了却没有外在的干扰，一切自然而然发生了。“自化”“自正”都是这种意思。从单一目的的刻意性行为到某种更模糊的多维因果关系，其因果关系有所淡化。第五十七章中还有三个这种用法的例子。试全部列举如下：

我无为，而民自化；

我好静，而民自正；

我无事，而民自富；

我无欲，而民自朴。

英语对应如下：

I take no action and the people are transformed of themselves;

I prefer stillness and the people are rectified of themselves;

I am not meddlesome and the people prosper of themselves;

I am free from desire and the people of themselves become simple like the uncarved block.

白话译文如下：

我无为，人民就自我化育；

我好静，人民就自我改正；

我无事，人民就自然富足；

我无欲，人民就自然淳朴。

思考一下这两个英语例子，以便更好地理解这两种因果关系的区别：

The universe moves itself.（宇宙移动自己。）

The universe moves of itself.（宇宙自身移动。）

在第一个例子中，宇宙既作为主体，也作为客体，宇宙对自身进行移动。再思考一下第二个例子，则显然不同。我们只知道宇宙在移动，而且没有任何事物在对宇宙施加外力，一切自然而然发生了。这就是“自然”中的“自”的意思，其中没有关于自我、因果关系的预设，事情自然而然发生了，有一个作为起发因素的自我在内。

“自”这个字在《老子》和《庄子》中出现了很多次。具体而言，它一共出现了 17 次，其中一半是以“自然”的形式出现，另一半则不是。笔者想说的是，源于早期道家思想的“自”的用法可以被认为是行动哲学中的独特概念。我们可以把这个用法明确地定义为：源于内在的动作或行为，有多维的因果关系，且不受外在的干扰。像世界上许多哲学家一样，道家试图解释我们所看到的周围的运动和变化。他们想知道：当物体在世界中运动时，我们如何理解它们？从哪里来？导致什么结果？

用术语来说，我们正式的话题是“自我因果”（self-causation），另一个英语说法是“spontaneity”（自发性）。为了理解“自”的这种自发性、自我因果关系的概念，笔者在教学中常以种子为例进行说明：假设把一粒种子放在桌子上，然后命令它生长，即使威胁它，它也不会听我的，因为无法强迫它生长。但如果把它放在泥土里，再加上一点水分、温暖的阳光，它就会自然地生长，它会随着自己内在的动机自我成长。然后种子会和它周围环境融合在一起，种子的客观边界——我们可能称之为“自我”（self）——会在这个连接中变模糊。所以没有很明确的独立个体存在。这点很重要。

我们现在可以很容易地看出，为什么现代的“自然”定义，如山脉、森林等，并不适合早期的“自然”这个词。然而，现代“自然”当作副词“自然地”时，比较接近先秦“自然”的意思，因为当作副词时，“自然地”含有一种过程自身发挥的意思（比如，“没有被阻挡的河流自然地流动”）。当作形容词“自然的”与运动搭配时也很接近先秦“自然”的意思（比如“那位舞者的动作很自然”）。

在 20 世纪 70 年代，西方有两位生物学家亨伯托·马图拉纳（Humberto Maturana）和弗朗西斯科·韦拉纳（Francisco Verala）认为没有好的术语可以描绘大自然展开和自我创造过程，所以他们构造了“autopoiesis”这一词，该词源自希腊语，意思是自我创造。笔者认为这非常接近先秦“自然”的概念。英语中的“spontaneity”一词来源于拉丁语“sponte”，意思是“自发的”（self-caused）。不幸的是，在英语口语中，“spontaneous”也意味着冲动，所以如果我们把它作为“自然”的技术性翻译，必须明确其含义。

（二）无为

截至目前，我们已经探讨了来源于道家特殊的自我因果概念“自然”这个词和两种“自然”概念的翻译方法。考察道家“自然”的另一种方法是借助“无为”。“无为”本来的意思是不采取行动。这个词通常被翻译成英文“non-action”。《老子》和《庄子》中都有这一术语。思考下面这些句子：

为无为，则无不治（《老子》第 3 章）

道常无为而无不为（《老子》第 37 章）

损之又损，以至于无为（《老子》第 48 章）

我无为，而民自化（《老子》第 57 章）

圣人无为故无败（《老子》第 64 章）

“为无为，则无不治”，这是对统治者治理国家的描述，意思是统治者所做不多，但国家治理得很好。“道常无为而无不为”，这是对“道”（即大自然）运行的描述。“道”没有刻意的行为，但每件事都能完成。“损之又损，以至于无为”，这是形容人的心理状态。我们去学校学习是为了让头脑充满知识。但老子说，如果我们虚空自身，就可以更接近“无为”。“我无为，而民自化”，说的也是统治者。值得注意的是，这句就是刚才所提到的“自化”的来源。正因为统治者的无为，所以人民自发性地在改变。我们从中看到了“自”和“无为”之间的直接联系，笔者认为，“自”和“无为”代表着基本相同的观念。

“自然”和“无为”都可以泛指自然界中的运行，也可以具体地指个体的运行，但“自然”在前一种意思上更为常用，"无为"在后一种意思上更普遍。因此，我们可以用以下方式来定义"无为"：没有直接目的性的行动。[①] 再强调一下，意思是没有去做什么，而事情还是完成了。没有努力去尝试，没有人为因素，然而所需要发生的事情都发生了。

理解"无为"有两种方式。第一种是领导者的管理手段非常有效，以至于人们在没有被要求或命令的情况下还做需要做的事情。从这层意思上说，它与什么都不做的意思接近。但是，为了让人们自愿地做需要做的事情，必须在制定政策和树立榜样方面做很多工作。因果路径是间接的，领导者想要完成某事而这件事恰好完成，这其中没有直接的意向性行为。这就是它被称为"无为"的原因。

第二种理解"无为"的方式是无直接目的性的行为，是通过一种不经刻意地尝试（trying）而发生的特定行为。举个例子：当我读八年级的时候，我成为学校棒球队的投手，但是我的球技不太好。为了提升我的技能，教练让我只管投球，建议我当把球扔到接球手的手套上

① 对于"行动"，我们可以用"运动"和"移动"替代；对于"目的性"，我们可以用"人为"和"努力"替代。

时，不要刻意瞄准到接球手的手套。这种缺乏目的性的认知与缺乏人为性和努力有关。通过《庄子》中涉及技巧的片段，我们可以更好地理解“无为”的这层意思。

（三）《庄子》中关于技能的故事

通过《庄子》中的某些章节有助于理解道家自发性的自我因果或者自然行为。在《庄子》中，有很多关于具有特殊技能、特殊能力的匠人故事，其中有一大部分在《达生》篇。在《达生》篇的开头，我们看到这样一句话：“夫形全精复，与天为一。”（《庄子·达生》）这句话像是接下来故事的序言，表明接下来的故事是在描述一个与天合一的过程。这里的“天”可以解释为“大自然”，这是先秦时期对“大自然”的定义——山脉、森林等，但仍有一个关键因素是它的过程，它开展的运作。[①] 对庄

① “天”在先秦哲学中是最有趣，也是最复杂的术语之一，在西方没有与之对等的词汇，它似乎把西方形而上学中完全不相同的概念“heaven”（天堂）和“nature”（大自然）结合了起来，当然，“天”最早的意思是“天空”，这层意思至今仍在使用，一方面它和西方的含义类似，“天空”（天堂）扮演着神的角色，有意干预人类的生活。在西方，这一思想分支到了一个完全不同的领域，那就是本体上优先于自然领域，在中国，这种分歧从来没有发生过，因此，在中国自然和天一直是合而为一的。

子来说，当人达到了一种超高水平的特定技能时，就达到了一种“自然”的能力水平，这是一种能力的最高水平。所以对道家而言，人越像大自然越好，最理想的行为正是自然行动。

《庄子》中有许多关于技巧的故事。我们将关注其中四个，每个都代表道家自然行为的不同方面。第一个故事谈丈人承蜩。孔子到楚国去，途中看见佝偻丈人正用竿子很顺利地粘蝉，就好像在地上拾取一样。孔子就去问他：“你是怎么做到的？”佝偻丈人说：“首先，在竿头累迭起两个丸子而不会坠落，那么就可以进行下一步了；当迭起三个丸子而不坠落的时候，再尝试迭起五个丸子，然后粘蝉就像在地面上拾取一样容易。”到了能这样做的时候，就达到了“用志不分，乃凝于神”。他这样描述自己的专注状态：“天地虽大，品类虽多，但我只注意蝉的翅膀，从不思前想后左顾右盼，绝不因纷繁的万物而改变对蝉翼的注意。”“虽天地之大，万物之多，而唯蜩翼之知。”我们从这里看到了高度集中注意力的重要性，这是“自然”或“无为”的心理状态，称之为“专注”（concentration）。

第二个故事，有一个叫梓庆的人擅长削刻木头做鐻，声名远播。鲁侯便问他："你用什么办法做成的呢?"他回答说："我准备做鐻时，从不敢随便耗费精神，必定斋戒来静养心思。斋戒三日，不再怀有庆贺、赏赐、获取爵位和俸禄的思想；斋戒五日，不再心存非议、夸誉、技巧或名声的杂念；斋戒七日，已不为外物所动，仿佛忘掉了自己的四肢和形体。"其实这就是老子所谓的"损之又损"，摆脱事物的干扰，甚至自己的身体和自我。然后他进入山林，观察各种木料的质地，选择外形与体态最与鐻相合的。对于这个心理过程，我们很难找到一个合适的单词与之对应，只好用"排除"（shedding）这个单词来形容，即排除多余、不必要的心事。

第三个故事，孔子在吕梁观赏瀑布时，看见一个壮年男子在激流中潜水，他以为男子想自寻短见，但是忽又见那壮年男子露出水面，原来是在游泳。于是孔门弟子问他："请问泅水也有特别的门道吗?"那人回答："没有。做了很久，已经变成习惯了，我跟着漩涡潜到水底，又跟向上的涌流一道游出水面，顺着水势而不刻意。"泅水之人来不及刻意去做，只需对正在发生的事情作出当下的反应，称之为"回应性"（responsiveness）。

这是“无为”或者“自然”的第三个方面。

第四个故事，依然讲的是一个潜水者，他的游泳技能这样被描述道：“善于游泳的人忘记了水。”就是说可以轻松地游来游去。这是“无为”或“自然”的第四个方面，并不感到困难，而是一种“轻易”（ease）且具有高超技艺的状态。这一观点在其他三种技能中也有所体现，捕蝉、削木做鐻、激流中潜水都是很难做到的，但是在恰当的专注、排除和回应情况下，这些活动能够做到，并且他们不感到困难。

总而言之，我们从这四个故事中看到了道家自然行动的四个方面，分别是：

专注——单一活动领域内高度的集中注意力

排除——摆脱与活动无关的思想和情感

回应性——能够快速而准确地反应

轻易性——能够执行复杂、要求高的活动，并伴随着轻松的主观感觉

前两个方面可以归为一类，即整体性（wholeness），是指这种心理状态的整体性、不可分割性。后两种可以

归类于流畅性（fluency），是指行动的发挥层面。

虽然只用了四个片段来阐述上述四种观点，但这四种观点在《庄子》一书中反复出现。将它们阐明，就能对《庄子》中的技艺和“无为”有更清晰的认识。

以上，我们从三个角度考察了道家的自然行动（即自发性的自身因果关系）。通过对汉字“自”的考察，揭示了由内在产生、不受外界干扰、并且借着多维因果关系产生的行为概念。通过考察“无为”的概念，发现这种行为是无直接目的性的。通过对《庄子》章节中出现的高超技艺的考察，发现这类行为涉及整体性（专注和排除）和流畅性（反应性和轻易性）。

二、西方传统中自发自身因果关系（即自然行动）

在考察《老子》和《庄子》时，发现道家理论中可以从三个不同角度来理解“自然”这一种单一的行为。接下来，我们将通过五位西方哲学家的理论，看是否能找到相同的概念。

讨论之前，让我们先思考一下道家到底在声称什么？第一，他们有一个描述性理论（descriptive theory）。换句话说，他们就行动这件事说它如此如此，从客观的角度来解释它。不仅如此，他们还有一个规范性的理论（prescriptive theory），就是说他们声称这种行为是最好的行为——自然行动最理想。

哲学家不同于历史学家，哲学家不仅对思想史感兴趣，而且我们更进一步思考这些思想是否真实，以及它们在今天是否仍然相关。所以，现在我们面临着两个道家的主张：

1. 世界上有一种我们可以称为自发性的自身因果关系（或自然行动）的运动。

2. 这是人类最理想的行为。

这两个主张是不是真实的？笔者认为第一个主张是真实的，世界上真的有一种运动可以用以上方式准确地描述。那第二个主张呢？孔子说“七十而从心所欲不逾矩”，意思是圣人之德，纯乎天理，莫非自然。按照孔子的说法，在“从心所欲”的背后还需要做很多工作，从而使之正确，然后当这些行为发生时，自身才可以表现得很轻松。从这点出发的话，孔子可能会认同以上说法。倡导“为”的荀子说:“仁者之行道也，无为也。”在中国早期的传统中，甚至在儒家思想中，似乎也有一种被广泛接受的观点，即自然行动是最理想的行为类型。笔者不想在这件事上发表个人意见，但提出这个问题是因为笔者认为它值得更多地思考。正如我们将看到的，西方哲学家往往过于迅速地摒弃这一观点。

下面，笔者将列举八个来自西方的近似于道家自发性的自我因果关系（即自然行动）的候选词。每一个候选词都值得我们好好考虑，它是否跟道家“自然行动”这个概念接近。要做到这一点，我们必须记住以上所下的定义。

（一）亚里士多德

我们以亚里士多德的一段话开始：

> 在 physis 产生的事物里，automaton 和偶然性分别得最清楚，因为，如果一个事物非由于 physis 而产生，我们不说它是由于偶然性而产生的，

宁可说它是由于 automaton 而生的。(《物理学》197B35)

笔者故意不把关键词翻译。即便不理解所有的单词，读者也能感觉到亚里士多德试着解释世界上所发生的事件。看过这段话就知道 automaton 与偶然性有联系，但它们在某种程度上是截然不同的。更完整的译文如下：

> 在 physis 产生的事物里，自发性和偶然性分别得最清楚，因为，如果一个事物非由于 physis 而产生，我们不说它是由于偶然性而产生的，反而说它是由于自发性而生的。

在英语版本中，“automaton” 被翻译成 “spontaneity”（自发性）。因为以上笔者说，先秦道家思想中的“自然”可以英译“spontaneity”（自发性），所以这段亚里士多德提到的“spontaneity”很可能就是我们所寻找西方与“自然”对等的概念。

研究比较哲学的一个方法就是寻找这种语言上的相似性。如果一个 A 国语言中的单词，被指定语种翻译成一个特定的术语，而一个B国语言中的单词也用指定语种也翻译成了同样的术语，读者可能会认为这两个外语单词表达相同的概念，但是，要做好比较哲学，我们必须对此更加留心。举一个简单的例子来解释其中缘由。

希腊语中的“eros”一词可以译成英语中的“love”，中文“仁”也可以翻译成英语“love”。这两种翻译都不能说是完全错误的，但得出的结论，即“eros”和“仁”代表相同的概念，将是一个不可饶恕的错误。“eros”是性爱的意思，在希腊思想中有别于“philia”（兄弟之爱）和“agapē”（博大的爱）。“仁”，至少根据《论语》，指的是一种自上而下对他人的关怀，其中包括了一种社会关系层面的专门知识。在汉语中没有与“eros”完全相同的词，在希腊也没有与“仁”完全相同的词。强制将它们等同起来，将会在各自哲学系统的概念体系中引起混乱。在研究比较哲学时，我们必须特别小心地拣择单词，并且当我们把一个科技哲学术语翻译成另一种语言时，要检查其中是否有内容丢失或者意外添加。正如前面对“自然”和“无为”的探讨一样，这就是为什么首先要在原来的语境中探讨概念。

让我们回到亚里士多德。的确，“automaton”经常被翻译成英语“spontaneity”，甚至被翻译成拉丁语“sponte”，但请注意亚里士多德自己是如何定义的：与平常相反的、令人出乎意料、很少发生的——异常的事。他用这样的例子说明：一块落下的石头意外地击中某人的头部。因此，尽管“automaton”被翻译成英语“spontaneity”，而“自然”也可以被翻译成英语“spontaneity”，但“automaton”和自然的概念并不相同。“automaton”只是发生了一些反常的事情。它与道家所说的最高形式的技艺行为，相去甚远。

因此，我们可以将“automaton”从候选词名单中划掉。虽然“automaton”在英语中和自然有着相同的翻译，但它在概念上与自然截然不同。

亚里士多德著作中有四个表示自然运作或自然行动的候选词。第二个候选词是“physis”。为了理解 physis，我们还是使用上面提及过的引文：

> 在 physis 产生的事物里，自发性和偶然性分别得最清楚，因为，如果一个事物非由于 physis 而产生，我们不说它是由于偶然性而产生的，反而说它是由于自发性而生的。

“Physis”经常被翻译成英语“nature”。因此，我们又有了与“自然”对等的候选词。上文说先秦“自然”可以翻译城英语的“naturally”或“natural”（但不能译成“nature”）。在亚里士多德对运动的考察中，他说，无生命的物体有两种可能的移动方式，一种是通过外力，另一种是通过 physis。试想一下：我手中的笔，这支笔自己不会动，我必须移动，它才能动。这就是亚里士多德所说的外力。但如果让笔掉下来，那就是由于 physis 而动的。根据亚里士多德的说法，因为笔是固体物体（a solid object），一触发就会有自然下落的趋势。再思考一下热气球，它有上升的趋势，一松手它就走。同样的，岩石可以被推下悬崖，这是由物体本身的性质决定的。这就是亚里士多德所说的 physis。这和道家的自然是对等的吗？如果不是，二者又有什么区别呢？

这个问题有两种可能的回答。第一，两者绝对不一样，因为在 physis 中，物体必须从外部被触发，而对自然做基本阐释的一部分是不涉及外在因素，是运动自身的发生。另外，physis 的含义不等于自然的原因与“自身”（self）有关（这个原因有点复杂）。亚里士多德把自身称为 psyche——灵魂或心灵——包含了欲望、想象和智力等。对于亚里士多德来说，在自然界中，除非是有 psyche 的动物或人，否则没有自身。具有 psyche 的才能移动自身，这里涉及一个明显的主客观二分法，而对于道家自然来说，一旦有自身移动时（moves of itself），就没有这样的二分法。所以上面的理由足以证明"physis"和"自然"指代不同的概念。

然而，这个问题还有第二种回答。那就是"也许"——也许 physis 和道家自然概念可以说是对等的。思考一下亚里士多德这段话："这个刚刚成为科学家的人，除非有什么事情阻止了他，否则他立即开始从事研究。"（《物理学》）

对"科学家"这个翻译得有点奇怪，不如"知者"等类似的词语恰当，不过我们不去讨论它。以上的句子听起来很像道家的自然行为。有人有了能力以后，他马上去做相关的事。他并没有提前思考，事情就自然而然发生了。但是现在注意这是从哪个文本出来的。这段话的来源是亚里士多德的《物理学》，该书描述的是自然运动而不是人类运动。所以在这本书中，这个特别的例子是非常奇怪的。事实上，有学者已经指出了这一点，并说在《物理学》中对人的运动的描述，与《尼科马克伦理学》书中的描述相反。所以，尽管亚里士多德说了一些与老子非常相似的话，但他根本没有从理论上展开这些观点。事实上，这与他的其他理论恰恰相反。所以我们必须承认 physis 与道家自然概念是不同的，并把 physis 放在一边。

亚里士多德的第三个候选词是“hexis”，我们这样定义它：任何个人的行为使其可能在类似的情况下再次发生这种行为。这对现代人来说耳熟能详，因为我们仍有这样的想法，即习惯。亚里士多德举的一个例子是演奏乐器，一旦学会了如何演奏乐器，这项技能就变得越来越容易。我们可以在《庄子》中有关技艺的章节中看到这一点，捕蝉人、木匠、游泳者在培养他们的技艺时依赖于习惯。这是亚里士多德的一个重要概念，因为他认为美德就是习惯。

亚里士多德的心理学理论把人类心看待得就像正在发生斗争的内心一样。根据他的观点，我们有欲望和情感这样的倾向，该倾向不一定会导致善的行为。所以我们发展了美德来与它们抗衡，让我们能够在正确的时间做正确的事情。假设我在战场上遭遇一场激烈的厮斗，在恐惧的驱使下，我的第一个反应是逃离战场。但如果我事先培养勇敢的美德，我就可以克服恐惧，奔向战斗。从这一意思上来讲，亚里士多德认为习惯对人类行为是非常重要的。这和《老子》和《庄子》中所看到的自然概念是一样的吗？其中有相似之处，但也有一些重要的区别，如表 1—1 所示。

表 1—1　亚里士多德“hexis”与“自然”的比较

作为最理想行为的道家自然行动	作为理想行为的亚里士多德理性思考 + 习惯
专注（集中于某一种范围之内）	理性思考（抽象）
排除（趋向模糊）	战斗（趋向清晰）
回应性（沉浸在环境的影响）	逃脱环境的束缚
轻易（内在的平静）	内在的战斗

在道家的自然行为中，要集中注意力，即专注于某一特定的活动，将视野缩小到仅剩下那个活动，所以思考是具体的、狭小的，只停留于那个活动、那一瞬间。还记得承蜩丈人是如何捕蝉的吗？他把注意力集中于蝉翼。

相反的是，亚里士多德宁可用缓慢的、理性的思考来决定一个行为是善还是恶。理性思考的一部分包含了远离具体的抽象化，同时转变为可以在不同时间不同情况下应用的理论。所以这颇异于对某个特定领域的瞬间关注（instantaneous focus）。

在道家思想中，行动者摆脱了不必要的干扰，比如某些欲望和情感。此时，就会有一种与周围环境融合的感觉。还记得种子在生长过程中失去了边界吗？在亚里士多德的思想中，反而要对抗或抑制这种欲望和情感。要做到这一点，我们需要澄清自己的理性原则，做一个理性思想者坚持自己的个体性。

在道家的行为中，行动者还想培养一种反应能力，使能沉浸于环境之中。对亚里士多德而言，正如我们刚才所看到的，他希望行动者能够从环境中抽离出来，并且摆脱时间的限制。理论不受时间限制。

最后，对于道家而言，那一刻有一种轻易（ease）的感觉。对亚里士多德来说，这是一场内心的斗争。其实有时候亚里士多德也重视一种内在的平静，但他不把它与他的行动理论直接联系起来。

尽管在习惯（hexis）和自然之间似乎有很多重合，但并不是完美的重合。在技能发展所必需的范围内，hexis 作为习惯与两种哲学都相关，但这只是两者行动的初步部分。在技能发展之后，这两种哲学以多种方式出现分歧。

来自亚里士多德的第四个也是最后一个候选词是实践三段论（practical syllogism）。在解释实践三段论之前，让我们先解释一下什么是三段论？三段论是一种特殊形式的论证，包括一个大前提和一个小前提。让我们来思考以下论证：

所有的中国学生都很聪明。

婷婷是中国学生。

所以，婷婷很聪明。

以上论证的第一句是大前提，是一个一般性原则。第二句是小前提，提出与一般性原则相关的特定实例。结论将一般原理应用于具体的实例，得出具体结论。亚里士多德发现了这种逻辑形式，今天被称为三段论。

在实践三段论中，结论不是陈述而是行动。例如：

所有的中国学生都在下午六点吃晚饭。(大前提)

婷婷是中国学生。(小前提)

下午六点时，婷婷去吃晚饭。[这个行动]
(结论)

在这个过程中，婷婷通过思考大前提和小前提，得出结论，即她马上去吃晚饭的行动。这就是实践三段论——行动会立即发展起来，而不用去思考。

亚里士多德所举的两个例子如下：

> 你认为每个人都应该走路。
>
> 你是人。
>
> 你立即走路。

> 我应该创造一个好的货物。
>
> 房子是好货物。
>
> 我马上建造了一座房子。

亚里士多德解释如下：

> 一部分行动，另一部分立即反应。因此当某人认为他应当行走，那么与此同时他就行走，除非其他某物阻碍他……由于行动与被动本性上紧密相连，因而这个过程是同时的和迅速的。(《论动物运动》8)

这听起来像是思维和行为之间的一种对应关系，没有进行深入的思考。这种直接的行动，似乎类似于我们以上讨论过的道家的即时行动（in-the-moment action）。

再思考亚里士多德这段文字：

> 并且动物的构成必须被视为相似于井然有序的城邦的构成。因为一旦在城邦中确立了某种秩序，就不再需要一位统治每种活动的特殊的独裁者，而是每个个体各尽其责，然后每一件事情，一件随着一件，照旧有秩序。（《论动物运动》10）

这听起来像老子的观点，老子认为一个好政府就是让一切事情自然而然发生，不必要君主命令人们做事，人们自愿去做。亚里士多德的这个比喻是用来描述动物机体，是动物的运动就像一种政治组织。尽管这已经非常接近老子，但是请注意，这两段文字都来自亚里士多德的《论动物运动》，描述的是动物的运动，而不是人类的行为。亚里士多德在《尼各马可伦理学》中，给出了以下实践三段论的例子：

甜的东西应该被品尝。

那儿就有甜的东西。

你马上过去尝尝它。(《尼各马可伦理学》7)

亚里士多德提出的实践三段论，用来解释失控行为。这种行为是孩子会做的，而不是成人所做的。

也许我们可以得出结论，实践三段论看起来很像道家自然概念，但对亚里士多德来说，它是一种较低的行为方式。与此相反，道家则认为自然是最高的行动方式，是最理想的行为。

对比完亚里士多德关于道家自然行动的四个候选词，我们发现，尽管有引人入胜的词汇和概念重叠，但没有一个是完全等效的。在道家的自然行动中，自然是作为最理想的行为方式的。但对亚里士多德来说，自然代表着失控的行动，他想要远离自然。他主张深思熟虑，但是深思熟虑对道家来说是起阻碍作用的，如果那个在波涛汹涌的河流中游泳的人停下来思考的话，他便会淹死。然而对亚里士多德来说，沉思是向善的唯一途径。对道家而言，自然行动是获得最佳结果的最佳途径。所以，道家想做好一项事情，最好的方式是自然。对亚里士多德而言，行为最好要导致伦理上的善行，当他描述行为时，他是在伦理学的背景下进行描述的。

表 1—2　自然 VS 亚里士多德的行动

道家自发性	亚里士多德的行动
自然作为最理想的行动模式	自然代表失控的行动
深思熟虑是起阻碍作用的	深思熟虑会促成善行
行动要实现最优势结果	行动要实现德善
自发性是最高层次的行动形式	自发性是一种较低层次的行动形式

亚里士多德是西方哲学史上最重要的哲学家之一。怀特海（Alfred North Whitehead）曾经说过，所有西方哲学是柏拉图的注脚。而在行动哲学中，所有西方行动哲学都是亚里士多德的注脚。通过把人从自然中抽离出来，亚里士多德创造了一种二分法，这种二分法使欧洲哲学家困惑了两千年。当他的思想发展起来时（甚至在他自己的时代），就形成了一种想法，即自然的运转方式是决定性的（deterministic），一切都是依照铁一样的规律发生。例如：当我松开手，这支笔就掉下去。如果我松手二十次，它就会掉下去二十次。当第二十一次

时，我举着它问：“这个会掉下去吗？”一般人会说：“是的，我知道它会掉下去。这就是自然规律。”但是根据亚里士多德后学的观点，人类在某种程度上能够从中摆脱自然规律，迈向更理想的行动。

人类能够摆脱自然规律，对亚里士多德来讲为什么那么重要？假设你站在电梯里，面对着关闭的门，接着门开时，你感觉到一只手突然猛推在你的背上。你会有什么感觉？有点生气吗？换个角度，现在假设你在外面散步，一根小树枝落在你身上。你会生这棵树的气吗？不会。根据西方行动理论家的说法，这是因为树的运动是决定性的，而人的运动是自由的。自由带来责任。亚里士多德很重视责任。没有“自由”的概念，我们不能责怪人做错了什么。自亚里士多德以来，西方哲学家几乎都有这个想法。

在一个决定性的宇宙里（即自然界里），人必须有自由才能有责任。所以人类异于自然界。我们不自然，人的行为不能是自然的，否则责任就无从谈起。这就在哲学上造成了一个很大的问题。

亚里士多德的后继者接受了这种二分法，并努力在人类自由和自然决定论之间相调和。伊壁鸠鲁（Epicurus）走了一条道路，认为人类的行动在自然秩序之外，称之为自发的（spontaneous）。他是一位原子论者，他说人类的自发性（spontaneity）可以归因于他称之为“原子转向”（atomic swerve）的东西。后来，卢克莱修（Lucretius）引用伊壁鸠鲁的学说，并用拉丁语“libera voluntas”（自由意志）指涉人类的行动。这是自由意志的最早记录。亚里士多德从来没有提及自由意志，但可以说这一思想隐含在他的哲学中。以这一观点来说，自发性（spontaneity）就是自由意志，没有什么强迫人去做任何事，因自身内心而行动。

斯多葛学派哲学家克利西波斯（Chrysippus）走了另一条道路。他说，人类的行为和自然界的其他现象一样，是决定性的（deterministic）。人的行为要等到发起了一种内在的自然冲量，接着应许它，就等于行动。有趣的是，他也用“spontaneous”（自发性）这个术语指代决定性的行动。因此，在早期西方有这样一种奇怪的现象，一种思想流派认为人类行为是自由的，另一种思想流派认为是决定性的，但两者都用“自发”（sponte）①

① 伊壁鸠鲁或克利西波斯的许多长篇论文（用希腊语写成）没有幸存下来。所以，笔者是根据它们后来的拉丁文评论而写的。

这个词来描述。笔者把这称为自发性的悖论（the paradox of spontaneity），用于描述行动学说的互相矛盾。一种自发作为自由意志，另一种自发作为自然决定论。这种悖论已经持续了两千年，甚至今天依然存在。

问题在于：众所周知，正如达尔文所说，人类实际上是自然生物，我们毕竟是从早期的灵长类进化而来的。但是，如果我们真的是自由的，而自然的真的是决定性的，那么我们就不可能是自然的。这是哲学家们仍在争论不休的问题——我们一定是自然的，但是我们的行为不能是自然的。如何看待这个难题呢？笔者的观点是，虽然“spontaneous”（自发的）这个词在这两种情况下都会被使用，但西方哲学家们从来没有真正注意到这一点。所谓自发性的悖论是西方行动哲学中存在问题的征兆。我们将在本书第二章着重解决这个问题。当我们在西方哲学史中寻找与道家自然行为的类似概念时，我们会不断地遇到这个问题。仔细观察哲学家们使用 spontaneity 这一术语的含义，我们就能了解西方行动理论和中国行动理论之间的主要区别。

（二）朱利安·奥弗雷·德·拉·美特利（Julian Offray de La Mettrie）

对人来说，像自然一样是什么意思？拉·美特利（1709—1751）是法国的一名医生。他描述了一种关于人类行为的观点，把人类行为称为自发的（spontaneous）。根据他的观点，人类行为有三个特殊的层面。

第一，自然界是统一的，就是说自然规律适用于一切，没有例外。

第二，物质自行运动。

第三，心灵是：

A. 物质的，意味着它不是精神的。对他来说，没有精神—物质的二分法。一切都是物质的，包括心灵。

B. 一元的，意思是它不是二元的。没有层面（譬如精神层面）超出了自然规律。

C. 感性的（sensitive），意思是心灵的主要功能不是理性的思考，而是感觉和反应。

笔者认为这里没有与老子或庄子观念相矛盾的，一切都符合道家的自然行为观。根据我们上面所讨论的，在道家行为理论中，自然界是统一的，物质是自行运动的，心灵是物质的[①]、统一的，更多的是感性和反应，而不只是理性的思考。

因此，我们似乎已经在西方找到了一个近似于道家的自然行为观的例子，不幸的是，他仅是描述他的观点，并没有发展成理论，他的著作可能被同时代人阅读过，但没有有影响力的人采纳他的观点，甚至到今天几乎没有人听说过他。为什么？因为他不仅背离了他那个时代的理论，而且背离了他的整个文化。在他那个时代，有关人类心灵的主要理论来自笛卡尔。笛卡尔拼凑了一个理论，用基督教的思想来复兴柏拉图和亚里士多德，提出了一个与拉·美特利完全相反的理论。我们在和拉·美特利的同时代人，即以下提到的卢梭的理论中，就会看到笛卡尔式的观点。

① “物质的”这一术语很难直接应用于先秦哲学，笔者认为当时没有绝对的物质和精神的二分法，虽然当时“气”和“神”很普遍，但大众将之理解为，它们本体上与物质世界是连续的，属于相同的本体领域。

（三）让·雅克·卢梭（Jean-Jacques Rousseau）

大多数受过教育的人都听说过让·雅克·卢梭（1712—1778），作为一位重要的政治哲学家，他给我们介绍了"高贵野蛮人"的学说，即天生善良、不受社会世俗影响的人。

像拉·美特利一样，卢梭也提到"自发"的人类行为，但有所不同。根据卢梭的说法，没有意志，就没有真正的行动，他指的是一种自由的意向性，这不同于人类的其他属性。这听起来更像亚里士多德而不是老子，毕竟道家倾向于无意向性。

卢梭说，物质是按照永恒的规律运动的，这意味着所有非人类的、非意向性的运动都是决定性的（deterministic）。显然，这也像亚里士多德，而不像道家。然而，根据卢梭的学说，人类生命是由一种非物质实体所激活的。这就是刚才提到的笛卡尔二元论。非物质的实体是精神，它负责在我们体内发起运动。因此，除了我们的物质性之外，我们还有一种精神性，那就是人类的真正本质。

我们从卢梭行为理论的三个特点（意志的存在，自然界中的决定性行为，以及人类的精神本质）中，能看出他更倾向于亚里士多德而不倾向于道家。然而，亚里士多德更多的是将目的性行为与理性联系在一起，而卢梭实际上非常不认可理性。回想一下“高贵野蛮人”，他们更多地依靠本能而不思考善恶。要理解卢梭，我们必须理解他所谓的本能。

对卢梭而言，人类最基本、最原始的本能是神圣的——即精神性的。如果我们从根本上说人是精神性的，而精神是直接从上帝而来的，那么，说人类一开始就完美是有道理的。卢梭说，当人们被文明社会的道德观念所感染时，他们就会走入歧途。如果我们能从卢梭的理论中排除涉及精神方面的因素，那么就类似于道家的行动学说。但是卢梭是不可能逃脱精神的，因为接近上帝的至善就是人的精神部分。他说：

> 人在推理时就有心智，而最高的心智（上帝）则不需要进行推理；祂不需要什么前提，也不需要什么结论，甚至连命题都不需要；祂纯粹是直觉的……人的力量要通过手段才能发挥作用，而上帝的力量能自行发挥作用。（《爱弥儿》）

根据卢梭的说法，为了尽可能以最好的方式行动，我们的行为应该少一点像人类，应该多像上帝那样。有趣的是，卢梭对上帝行为的描述，听起来非常接近道家的最理想行为理论，不需要思考，事情自然而然发生了，并且无论发生什么都是对的。

不过，卢梭陷入了西方哲学家不停地陷入的问题：既然物质（自然界）是决定性的（deterministic），而人是自由的（free），我们必须解决人是如何既自然又自由的（natural and free）。卢梭认为，人类为了达到这种理想的行为，需要更像上帝，上帝是行为的终极典范，上帝是绝对自由的——即自发性的（spontaneous），为了让我们更具有自发性，我们需要更像上帝。

卢梭在对其最理想行为的描述中，就这样将物质和精神结合在一起，这有点像道家的自然。然而，为了获得最理想行为，还需要神圣（the divine）这种额外的元素。相比之下，老子和庄子不需要额外的元素。对他们来说，自由的和决定性的，精神的(人类）和自然的(非人类）之间本来没有分离 。因为一开始就没有分离，所以不需要理论说明如何把它们统一，自然和人类已经彼此相融了。

（四）威廉·詹姆斯（William James）

威廉·詹姆斯（1842—1910）是一位心理学家和哲学家，他对于后人理解人类心理作出了很大的贡献。他的《心理学原理》一书尽管写于一百多年前，但今天仍然值得一读，这本书对人类心理学的许多方面具有洞察力。在这里我们将会对其中一个观点进行讨论。

詹姆斯说，人类的行为可分为两种基本的行为。第一种行为称为第一性运动（primary movement），包括反射（reflexes）、本能（instinct）和情感（emotion）。这种行为是自动的，无法控制的。第二种行为称为第二性运动（secondary movement），倒是可以控制一些。

他认为第二性运动有两个组成部分：第一部分是意念运动（ideo-motor movement），意念行为是习惯性行为。即指我们所学的内容，我们可以对其进行发展，还可以对其进行控制，我们也能让它们自行发生，例如，走路、说话、吃饭或弹钢琴。第二性运动的另一个组成部分是深思熟虑（deliberation），这是我们道德（morality）产生之所在，也是自由（freedom）发生之所在，更是人之努力（effort）之所在。詹姆斯说：

> 思维作为一种特殊的非物质过程与世界的物质过程并存。可以肯定的是……只有假定这样的说法，我们才能使世界视为是有道理的。(《心理学原理》)

像卢梭那样，詹姆斯理解“自由”的方式是把自由带入一个非物质的领域。然而，作为一个实用主义者，他并没有明确地宣称非物质领域确确实实存在。他说，考虑到在上文中提出的关于自然界的必然性和责任归属的前提，唯一把这一切视为有道理的方式就是设想人类具有一种当作自由意志所在的非物质灵魂。他解释说：

> 想要肯定的观念，必须避免走神和心不在焉，必须牢牢地放在心上。(《心理学原理》)

这就是他的注意力概念。他所说的“肯定”的概念，基本上就是我们在上面看到的斯多葛学派“应许”的概念。斯多葛学派认为人的行为既是决定性的同时又是自愿的——当一种心理冲动产生时，我们要么应许，要么不应许。对于詹姆斯来说，在肯定它之前，我们可以把观念在心灵中翻转过来，即先去思考。对詹姆斯来说，注意力就是这样。我们已经讨论了道家语境中的注意力。还记得以上说的那个承蜩丈人吗？捕蝉时聚精会神，全神贯注。詹姆斯说，这种情况——全神贯注——往往是费力的（effortful）。这种观点和庄子所说的轻易的游泳者截然不同。

当读者思考注意力是什么的时候，刚开始可能会同意詹姆斯的观点。现在注意本书中的复杂理论，可能会感觉很费力。同样，做一道数学题也感到很费力。但想一下，玩电子游戏或演奏自己擅长的乐器，虽然全神贯注，但是很可能感觉不费力（effortless），我们将在第三章详细讨论不费力的问题。

詹姆斯在这里做出了重要的区分，他将费力的注意力与道德连接在一起。詹姆斯认为正是意志的努力，使我们能够思考一些事情，加以辨别要去践行善的行为。换句话说，詹姆斯基本上接受了亚里士多德的人类行动观，并增加了实用主义的理由和费力注意力这一概念。正如亚里士多德一样，我们在詹姆斯这里也看到了对习惯的重视，这有助于我们赞赏道家自然行动的一面，但其中仍然有很大的不同，因为詹姆斯的理论涉及自由意志（自然界之外的）和费力注意力的概念。

（五）弗里德里希·席勒（Friedrich Schiller）

弗里德里希·席勒（1759—1805）在康德之后，他基本上采用了康德的世界观。遵循康德的观点，他认为行动有两个领域，一个是必然领域（the realm of necessity），一个是偶然领域（the realm of contingency）。

表 1—3　席勒的必然性与偶然性二分法

必然性（自然）非所控制的	偶然性（自由）所控制的
呼吸	歌唱
感觉	道德
交感（情感）行为	意志行动
优美	尊严

在必然领域中，有自然的（natural）和通常不在人控制之内的事物，举例来说，呼吸、感觉与交感神经行动（基本上是情感激发行动）。此外，有他所最关心的优美（英文 grace，德文 Anmut）。在讨论优美之前，先让我们谈谈偶然领域的事物。这些是人们完全可以控制的：歌唱、道德、意志行动和尊严。尽管这种二分法源于康德，但它与亚里士多德的观点是一致的，同时又像

卢梭的观点，席勒对理性的价值保持怀疑。

当席勒观察康德式的理想好人时，他并不真正喜欢。他所想到的是一个非常严厉、总是做正确的事、从不说谎、一点都不可爱的人。席勒以完全不同的方式构想好人的典范。他构想的好人，友好而热情，是一个会吸引人的人，而不是那种想与他保持距离的人。他说这种人很优美，他认为优美胜过尊严。席勒的优美观是什么？为什么如此重要？

在表 1—3 中，优美在必然领域一栏中，不过，对此他说道，它是“美的行为，属于自由领域之内，自然领域之外”。因为它是自由的，其实它应该属于偶然性一栏，然而，对于席勒来说，自由有一种有为的面向。优美行动是美的，美属于自然。席勒看到了我们讨论过的人类行动的根本问题，即最美（和善）的行动必须是自然的（呼应卢梭关于“文明野蛮人”的理想），而自由的行为必须是人为的（呼应亚里士多德关于深思熟虑理性的理想）。那么，他是如何调和这两个冲突概念的呢？他是这么说的：

一个君主制国家以那样一种方式来管理，尽管

> 一切都是按照一个人的意愿进行的，但公民仍然可以说服他们自己按照自己的意愿生活，而且服从于自己的意志，那么这就叫做自由主义的政府。但是，如果统治者将自己的意志强加给公民，或者公民违背统治者的意志而维护自己的志趣，就不太可能这样称自由国家。(《论优美与尊严》①)

这听起来很熟悉，席勒的观点和老子很像，也和亚里士多德论动物运动的观点很像——通过他对“善治联邦”的比喻。君主统治国家，但他不必做任何事情——无为——一切自然而然发生了。在席勒那里，这是一个关于“优美”的隐喻，关于一个优美的人该如何行动。优美的人不必考虑每一个行动——每一个行动自然而然发生并且恰到好处。这是最理性的做法，仿佛深思熟虑过一样。

现在再思考席勒的另一段话：

① Jane V. Curran and Friedrich Schiller. *Schiller's "On Grace and Dignity" in Its Cultural Context: Essays and a New Translation*. Rochester, NY: Camden House, 2005.

> 人类独有的情感把轻易（ease）当作优美的主要特征，但哪儿需要费力，轻易性永不会是结果。另一方面，也很明显，如果要一个美丽的道德表述发生，大自然不会强迫心灵，因为若大自然独裁，人性便会消失。(《论优美与尊严》)

席勒笔下一个优美的人和康德笔下一个尊严的人，所作所为没有区别，但优美的人所作所为都是自然而美丽的。对席勒来说，这就是最理想的行动。

席勒似乎已经成功地将自由和必然统一在优美的概念中。他似乎解决了困扰西方哲学两千年的问题，优美看起来很像道家的自然行动。然而，和卢梭一样，对席勒来说要想真正做到这一点，还需要一种额外的元素。席勒说：

> 爱……从我们神圣本性中，从自由的所在流出……它是绝对伟大的自身……立法者自身，我们内在的上帝，在感官世界中用自己的形象来玩耍。(《论优美与尊严》)

因此，席勒通过上帝使人类和自然得以统一。唯一能使我们优美的方法，就是唤醒我们内在的灵性（the spiritual in us）。这并非一种隐喻，而是认真的。他相信我们有灵魂，正如卢梭一样，良心是神圣的本能。鉴于西方对决定论和责任归属的最初假设，诉诸上帝似乎是将自然和人类统一起来的唯一途径。

到目前为止，我们已经看到了好几个来自西方、与道家的“自然”概念类似的例子。然而由于自由和决定性（freedom and determinism）之间的分歧，没有神性的干预，没有对某种非物质的呼唤，人类和自然是不可能架起桥梁的。

作为哲学家，我们不仅仅描述理论，也去评价理论，这就需要回答一个问题，它们哪一个是真的？谁是对的？如果完全站在科学立场上，比如我们追随达尔文，那么，必须说我们人类从根本上是自然的。因此，我们不能诉诸精神上的存在，不能诉诸行动或善良的非物质来源，这种自然主义（naturalism）的观点与老子、庄子是一致的。

在他们的自然主义前提中，老子和庄子似乎比我们最著名的西方哲学家亚里士多德、卢梭、席勒，甚至科学家威廉·詹姆斯更具当代感。所以，道家的思想或许对我们有所裨益，也许可以接受他们的思想来解决一些当代难题，这些难题之所以无法解决是因为我们都被西方行动概念教条化了。即便我们尽可能地采纳最客观的角度，这些教条在我们今天的科学研究中依然存在。这些思维模式也如影随形，影响我们看待世界的方式，并被一代一代地传播下去。

另一种方式，如果我们能从先秦思想中采取和已有观点相契合的角度（即自然主义 naturalism）来看待这个世界运转的方式，也许可以帮助我们解决一些长期存在的问题。在接下来的两个章节中，我们会将道家思想依次应用到行动哲学和认知科学。在最后一章中，我们将以此延展到修身的概念，并将其应用于当代教育心理学。

第二章

通过中国哲学和现代心理学解决西方哲学的两个悖论

Using Chinese Philosophy and Cognitive Science to Solve Two Paradoxes of Western Philosophy

接下来，笔者将提出一个关于西方哲学的复杂论点，先从行动哲学的基本概念开始，并尽可能清楚地、简洁地解释这些概念，以求明了。然而，对汉语世界的人来说，理解起来可能有些费劲，因为在中国传统哲学中没有所谓的行动哲学。

我们先从这个问题开始：人类的行为与向日葵随着太阳移动而转动有何不同？想象一下：早晨，太阳从东方升起，一朵向日葵面对着太阳，当太阳在天空中移动时，向日葵跟着转动。西方行动哲学家们提出了一个重要问题：向日葵的转动和我们的行为有什么区别？这一问题看起来很简单，让我们再深入一些。假设现在我坐在向日葵面前，当向日葵跟着太阳转动时，我也随着向日葵转动。我和向日葵都以同样的速度、方式移动，不同之处在于作为人类的我拥有神经系统，但这不是问题的关键。

再进一步假设向日葵旁边有一根电线，当向日葵移动时，撞上电线并引发火灾，我们能责怪向日葵吗？“你这个愚蠢的向日葵，怎么这么粗心！”显然，这种指责没有意义。然而，如果离电线很近，并且完全知道电线就在那里，当我跟着向日葵转时，撞上了电线，我会被责备。这就是行动哲学家试图解决的问题：为什么我应该受到指责，而不是向日葵？作为人类我为此负责的行为是什么？在行动哲学领域，责任归属是行为的关键。我们可以从更大的意义上质问：是什么使人类的行为不同于自然界中的其他形式运动？责任是西方哲学家试图区分运动和行动的一种方式。随着我们研究的不断深入，这个问题会变得更加清楚，这是本章将要讨论的基本问题之一。

希望读者注意一点，在行动哲学中有两个意义不同的概念。第一个是行动（action），它担负责任；除此之外都是运动（motion）。因此，行动是一种运动，但运动不一定就是行动。"行动"是一个专业术语，这就是为什么会有行动哲学。值得注意的是，这一区别在自然界和人类之间设置了一个隔阂，困扰了西方哲学几个世纪。在第一章中，我们讨论了"自然"的概念，但尚未深入西方原有的人与自然隔阂这一问题本身；在这一章中，我们将讨论如何引进中国的自然观，来帮助填补西方世界中人与自然之间的鸿沟。

回忆一下，第一章我们提到了中国的独特思想——自然。自然是一种运动，是自发的，不受外部干扰，涉及多维因果关系，没有明显的意向性。从心理角度而言，自然包括了高度的注意力和不受干扰的自由；它是高效的，能准确地做出反应；最后，它代表了一种轻易的感觉（a feeling of ease）。我们现在能看到，在中国传统哲学中自然和人类之间没有割裂，此外，自然被认为是人类行为的最理想模式。

在第一章中，我们考察了西方的一些哲学家，寻找他们与道家“自然”相近的概念。其中我们提到了一个重要的哲学家——亚里士多德，他有与自然相近的四种概念。在对这四种概念分析之后，我们总结了自然行为和亚里士多德的行动观之间的差异，并展示在表 2—1 中。

表 2—1　自然 vs 亚里士多德的行为

道家自发性	亚里士多德的行动
自然作为最理想的行动模式	自然代表失控的行动
深思熟虑是起阻碍作用的	深思熟虑会促成善行
行动要实现最优势结果	行动要实现德善
自发性是最高层次的行动形式	自发性是一种较低层次的行动形式

注意一下表 2—1，对道家而言，自然是行为的最

理想方式，但对亚里士多德而言，自然代表着失控的行为。如果表现得很自然，亚里士多德可能会说这还远远不够，还没有达到最理想的行动。道家认为深思熟虑会阻碍人的行动，正如我们在例子中所见，游泳者若在急水中停下来思考下一步该做什么，那么他将被淹死；对亚里士多德而言，沉思是抵达至善的必然途径。道家认为行动的目的是取得最佳的结果，亚里士多德认为行动旨在实现道德的善。道家将自然作为行为的最高形式，亚里士多德将自然作为行为的低级形式，是儿童和动物的行为方式。这个比较给了我们一些启示，将会有助于我们理解接下来的内容。

在第一章中，我们讨论了自发性的悖论。在西方世界中，和自然概念相近的是自发性（spontaneity），这个词在法语中是 spontaneité，在德语中是 spontaneität，两个词都起源于拉丁语 sponte。有趣的是，在任何一种欧洲语言中这个词都有两种相互矛盾的用法。它的主要含义是不受外界干扰的运动，将其应用于自然界时，它的含义是受自然力量决定的运动。例如，我们可以说草是自发（spontaneously）生长的，没有人在拔苗助长，它自然地自行生长。然而，当这个词用于人类时，指的是由人类的自由意志决定的行为，不受自然力量决定。笔者称之为悖论，运动作为自然的一部分，受自然力量驱使，可以说是自发的（spontaneous）；又依靠人类自由意志而脱离自然，也是自发的（spontaneous）。

当两个命题看起来为真，但不能同时为真，从专业哲学术语上讲，这就是悖论［更确切地说，是二律背反（antinomy）］。

1. 运动是自发的（spontaneous），因为它是自然界的一部分。

2. 运动是自发的（spontaneous），因为它与自然界分离。

笔者将其称之为自发性的悖论。这一章将会展示如何解决这个悖论以及相关的一个悖论。

一、自然的人类行动在理论上是不可能的

这本书的主题是中国先秦哲学可以在前沿领域造福

世界。在这一章中，笔者会说明如何将道家的自然概念运用到当代分析哲学的核心领域之一——行动哲学。在当代哲学中，自然的人类行动在理论上是不可能的。“理论上不可能”，并非是指在理论上不可能，而实践上是可能的。哲学家认为，当理论上某件事是不可能的，那就根本不可能了，如同韩非子所说“以子之矛，陷子之盾”，根本不能成立。接下来，笔者将沿着两条途径来揭示这一矛盾：一条是通过美学，一条是通过行动哲学。

任何阅读本书的学者都可能认为，通过美学领域讨论行动哲学，这将犯一个范畴错误。为什么要在行动哲学中讨论美学？因为这样做可以帮助我们更好地理解这个问题。笔者认为，提出“范畴”错误是有问题的。作为一种反驳哲学论点的常见方式，有时它行之有效，但也可能会妨碍我们从一个独特的、有用的角度进行分析，有时我们的语言或概念范畴会把我们推向哲学困境。通过不同的范畴来看待一个问题，可以帮助我们弥合鸿沟，而有时候我们太忽略这种方法了。

举例来说，一个简单的审美追求，如喝葡萄酒，人们常说对葡萄酒的了解越多就越欣赏，欣赏茶、欣赏美术（譬如绘画以及雕塑）都是如此。所以，我们常问几个有关艺术欣赏的问题：

> 艺术家使用了什么媒介？
> 主题是什么？
> 艺术家是谁？
> 深层意义是什么？
> 某特征（譬如那个微笑）表达什么意思？
> 这件作品跟当时的其他艺术作品比起来如何？
> 如何融入艺术家的整个作品系列？
> 艺术家的作品对同时代有什么意义？

探索这些问题将能帮助我们从美学上欣赏艺术作品。近来，哲学家们不仅从审美角度思考如何欣赏艺术作品，也思考从审美角度如何欣赏自然界。大家都曾路过花园，看过花儿，欣赏过花儿的美丽。然而，令美学家困惑的是，上述这些问题都不能帮助我们更进一步欣赏玫瑰花蕾或樱花。欣赏艺术品和自然界同样是审美活动，那么为什么这两者的知识基础不同？

对于艺术与自然界之间审美欣赏的区别，哲学家进行了大量的思考。以下是有些相关引文：

> 自然界的审美欣赏……同于欣赏不作为艺术品（或人造品）的自然界而不同于欣赏自然界本身。①
>
> 自然对象……缺少创造的人。②
>
> 自然界的审美体验总是有这样的要求，我们得认识到自然界本身是一种非艺术对象，自然界不是由艺术家为了让我们赞叹而设计的，也不是被装裱或放在基座上的，这都是自然界审美能力的秘密，尽管我们可以通过审美范畴来体验自然界。③

仔细阅读这些引文，我们会发现，从自然界的角度来看，人类和人类的艺术作品都被排除在审美对象之外。也就是说，当我们欣赏大自然时，我们是在欣赏大自然本身，而不是人类。这对运动的审美欣赏（aesthetic

---

① Malcolm Budd. "The Aesthetic Appreciation of Nature." *British Journal of Aesthetics* 36, no. 3（1996）: 208.

② Emily Brady. "Imagination and the Aesthetic Appreciation of Nature." *Journal of Aesthetics and Art Criticism* 56, no. 2（1998）: 139.

③ Holmes Rolston, III. "Aesthetic Experience in Forests." *Journal of Aesthetics and Art Criticism* 56, no. 2（1998）: 160.

appreciation of motion）意味着什么？它意味着对自然运动的审美欣赏排除了人类在艺术领域的自然行动。从理论上讲，这使得自然的人类行动成为不可能。为什么？因为如果对自然界的欣赏排除了人类，就不可能把人类行为看作是自然的。笔者在这里用的是字面意思的“自然”，而不是隐喻的用法。

不知道读者有什么意见，不过对笔者而言，自然的人类行动是不可能的，这样的结论很难接受，因为人类的一些行为，比如最好的舞蹈可以被称为自然的（这里的“自然”亦非隐喻）。所以说，人类行为不可能是自然的这个命题，值得怀疑。

以上的结论（即自然的人类行动是不可能的）来自于美学领域。通过它比较容易了解问题所在。本章最后，我们将会再谈美学，现在先讨论行动哲学本身。

西方哲学主要起源于古希腊，古希腊有一种观念认为一切都是命中注定的，例如俄狄浦斯的悲剧。俄狄浦斯出生时，一个占卜者预言他长大后会杀死他的父亲并娶他的母亲，为了防止这种情况发生，他的父母试图杀了他。他们把他扔到山坡上，希望他死在那里。相反，他被人救了，而且长大成人。最终，他在不知不觉中还是杀了他的父亲，娶了母亲。这个故事的寓意是，无论怎样反抗，人都无法逃脱命运。这种宿命论在西方哲学史上发生了转变。随着科学理论在启蒙运动中蓬勃发展，宿命论转变为决定论，即认为自然规律是不可抗拒的。随着科学变得越来越严密化，在自然规律下似乎没有多余的自由空间。如果两种物体快要发生互撞，别无选择，事情将会朝着自然规律推动的方向发展。只要自然界的一切都服从自然规律，那么一切都是决定的。

根据这种观点，如果我们知道事情的确切位置、移动方向和推动力量以及其他种种信息，就能推测出未来将会发生的事情。

这种宿命论 / 决定论的观点是有问题的，尤其对亚里士多德而言，因为他试图归因人类行为以责任。按照决定论的观点，如果我去割断别人的手指，但由于我完全服从于自然规律，没人能责备我，这不是我的错，只能归因于作用在我身上的自然力量。行动哲学的基本问题就是在这个受自然决定的世界中，如何归因人类责任。

注意一下人类和自然界的隔阂，只有人类才能有责任。在西方哲学史上，自然界的特点是决定性的运动（determined motion），人类在自然界之外，因此人类行动必定区别于自然运动，这就是为什么自然的人类行动不可能。笔者认为这是重要的问题，西方行动哲学的传统不承认自然的人类行动可能性。不过，这一点或许能够得到修正。首先还是让我们弄清楚为什么这是一个悖论。

之所以是悖论，因为一方面理论上自然的人类行动是不可能的，但另一方面我们本质上又是自然的存在。两个命题看起来都是真的，但不能同时为真。我们知道我们是自然的，因为人类是进化谱系中的一部分，所有人的 DNA 都是从其他种类的生物进化而来的，甚至可以追溯到远古时期的蓝藻。从这个意义上说，我们不能否认自己是自然生物。我们也从字面意义上使用“自然”一词，比如当我们说“母乳喂养是自然的”时，这种方式不属于隐喻。对于婴儿来说，吮奶是自然的行为。对于母亲来说，选择母乳喂养，在术语上是一种自然的行动，因为它既是自由选择的又可以归因于责任。

所以，我们可以说，母乳喂养是“自然的人类行动是不可能的”命题的反例，但这不是将它引进来的目的，笔者的目的是推动这样一种观念，即自然的人类行动已是我们世界观的一部分。同样，艺术基本上与自然也是不可分割的。现在已经有许多学术著作阐发了艺术创作为什么具有进化的适应性，作为使用工具的延展，艺术是自然进化过程的一部分，使人类更好地生活和繁荣。从这个意义上来说，艺术基本上就是自然的。

怀疑自然的人类行动是不可能的，怀疑的原因来自于自由意志，尽管西方的行动哲学历史悠久，但“自由”这一概念始终缺少令人信服的形而上的解释。除了人类以外，世界上一切事物都要服从自然规律，这何以可能？人类是如何脱离自然的？自由意志的倡导者会说，当我们自由地选择去做时，就摆脱了自然规律，与自然分离。这又何以可能？这种形而上的解释，始终无法令人信服。

现在读者应该看出了这个悖论：自然的人类行动是不可能的，但又不可能是不可能的。让我们尝试解决这个悖论，笔者会介绍自我组织（self-organization）的概念，自我组织将解释自然的人类行动，也将解释自然中产生的某一种事物，称之为“作品”①。换句话说，它

① 英文的“artifact”通常翻译为“人造物”，这儿谈的是非人造的（也是非神造的）造物。

将缩小自然与人类之间的差距。我们先从第二部分开始——自然中的“作品”(artifacts)，因为它有助于理解第一部分。

在新几内亚（New Guinea）有一种鸟叫园丁鸟(bowerbird)。进化生物学家杰拉德·博嘉（Gerald Borgia）曾经做过相关研究，如下：

> 雄性缎蓝园丁鸟的婚房，设在被空出来的庭院上，由两道平行的墙组成，墙由细树枝构成。墙壁相距10厘米，形成了一条30厘米长的中央大道。雄性用细枝在婚房的北端搭建平台，用羽毛、花和蛇皮等各种各样的东西进行了装饰。婚房被用作向雌性的求爱场所，进行交配。雄性偷走装饰物并毁坏其他雄性的婚房。①

这种园丁鸟的行为，常常被描绘成涉及如何展示周

① Gerald Borgia. “Bower Quality, Number of Decorations and Mating Success of Male Satin Bowerbirds（*Ptilonorhynchus Violaceus*）: An Experimental Analysis.” *Animal Behavior* 33, no. 1（1985）: 266-271, p. 266.

围物体的审美选择，展示的方式种类繁多。从专业哲学的角度说，自然中是否有可能存在行动（action）或者有为的行为（artifice）①？园丁鸟的例子似乎表明这是可能的。从这个意义上说，园丁鸟使我们的图景变得复杂。消除自然与人类之间的隔阂，有一种方法是找到自然的人类行动，比如母乳喂养。通过园丁鸟的例子，我们找到了在非人类领域中真正的行动或有为的行为，来消除人类和自然之间的隔阂的另一种方法。

让我们更仔细地进行分析。园丁鸟建造了一个婚房，其实这不是房子，它只有一个功能，就是用来吸引配偶。这就好比美国男孩的跑车，用来吸引女孩。园丁鸟所做的和一个十八岁的男孩有什么区别呢？或者，想想一个三岁的小孩子在海滩上建造沙堡，沙堡是一个有为行为的案例，虽然与艺术家的有为行为有所不同。

当哲学家讨论自由、决定论、行动和艺术时，他们通常以一般成年人作为分析对象，但是讨论边界案例是为提出特定的观点。笔者认为从边界案例开始是有帮助

---

① 英文的“artifice”通常翻译为“人为（性）”，这儿谈的是非人为而有为的行为。它的含义是有目的、有意识的行为。通常与“nature”成对立。

的，因为它有助于加深认识，并让我们看到最初的设想并不像人们所想的那样明了。

园丁鸟和建造沙堡的小孩子，是自然中的艺术品的边界案例。我们可以质问他们的行为是否既是有为行为又是自然的？罗伯特·奥格尔（Robert Aunger）是一位人类学家。他对“artifact”（作品）的定义如下：

> 动物为了提高其作为生物的适应性，用有利可图的建设性行为来创造持久的形式或结构。①

注意，他说“动物”（也包括人类）以及把这个过程描述为基本的生物性过程。说是“生物性”等于说是“自然的”（natural）。对科学家奥格尔而言，自然界确实存在着有为的行为（artifice），园丁鸟以及建造沙堡的小孩子和修理跑车的男孩都是很好的例证。

现在，我们已经分析了关于自然、行动和有为行为的概念，看到西方行动哲学中的人与自然之间存在着隔阂，这个隔阂具有挑战性但并非不可消除。

---

① Robert Aunger. “What's Special about Human Technology?” *Cambridge Journal of Economics* 34, no. 1（2010）: 115-123, p. 117.

二、作为所有运动典范的自我组织（Self-Organization as a Model for All Motion）

在哲学领域很少看到自我组织（self-organization）这个概念，更别提在行动哲学领域中了。但在科学中肯定能看到这个概念。将其从科学中引进来，目的是强调笔者并没有使用一些科学家都很少使用的边缘概念。这个概念，现在是科学中经常使用的一个基本概念。例如，笔者最近在一个科学数据库（the Web of Science）中进行了一次搜索，该数据库中有两万多篇相关的文章使用了这个术语。而且这不是唯一指这一概念的词汇，还有一些术语，比如复杂系统理论（complex systems theory）、动态系统理论（dynamic systems theory），甚至读者可能听说过混沌理论（chaos theory）。所有的这些都是从一个物理学概念开始，并传播到生物学和社会科学，现在也有希望传播到哲学。

笔者还在哲学家索引（Philosophers Index）中进行了检索，发现在行动哲学领域中，使用“自我组织”这一术语（或相关术语）的文章不到十篇，需要很长时间去完全发展这个概念。（在科学哲学中，可以找到更多关于这个概念的例子。）

在尝试理解“自我组织”的这个概念时，让我们从一个更熟悉的概念开始——熵（entropy）。笔者肯定读者在高中时就知道熵的概念，在热力学第二定律中就有，它指一切都趋向于无序。例如，最终所有的恒星都会烧尽；你把房间打扫干净了，但又会变脏。自我组织是熵的对立面。事实上，人们怀疑过自我组织是否违反热力学第二定律。大家现在好像都会同意这并没有什么违反的。若真违反就会很奇怪，因为自我组织似乎也是一种随处可见的自然法则。

自我组织是指自然界中的事物聚集在一起，形成自我本身。因此，术语“自我组织”可以在云中、细胞中、树叶中、风中、动物中以及动物群体中等看到。当动物群体形成时，就可以被理解为自我组织的实体（self-organized entities）。在自然界中，所看到的任何组织几乎都是自我组织的例子。这个观念一直存在于我们周围，但我们很少去思考，现在科学家们包括社会科学家正试图去理解它，希望哲学家们也一样。

这一观念在物理学中的哲学含义是什么？如果我们

接受这个观念，然后说，“让我们从这里开始，看看我们是否能把人类的行为理解为自我组织的一个例证”？毕竟自我组织是自然的，以这种方式理解人类行为，可能会产生这样一种说法，即人类行为也可以是自然的。这种方法不同于通常的方法，通常的方法是假设所有的自然运动都是完全决定性的，不能将其应用于可“自由”选择的人类行为。笔者的意思并不是要否认自我组织是决定性的。这一话题比较远，在这里暂且不论。想要表达的是，我们可以把决定性假设放在一边（因为它还远远没有确定下来），用一个不同的自然运动原理来探讨有关人类行为的主题。

三、两种有动力的自我（Two Kinds of Motive Self）

在这一部分中，笔者将描述两种“自我”，一种是单一自我，另一种是多元自我，其中单一自我以上述自我组织的概念为基础。

在介绍单一自我之前，让我们先退后一步。在谈论自我本身之前，又要先看看“self-”（自我）这个词根的用法。一方面我们通过概念来理解世界；另一方面，我们用语言来代表这些概念。假设我们的语言有能力去描述现实，那么我们可以通过语言中的概念，来辨认现实。因此，通过研究我们的语言，我们能明白我们的形而上的实物[①]。我们首先看看我们的语言是如何使用“self-”（自我）这个词根的。

下面是一些例子。[②]

自我充实 Self-enrichment
自我怀疑 Self-doubt

① 我们谈论的是我们描述形而上学的语言，一个教条主义的哲学家可能对这一举动持怀疑态度，因为这看起来像是另一个范畴错误，谈的是描述形而上实物的语言而不谈形而上实物的种种实物。只有当一个人不知道自己在做这件事，并且通过混淆术语和术语所指的对象而对形而上的实物作出毫无根据的断言时，这才是一个范畴错误。在这里，我将语言视为更好地理解我们形而上的概念的一种方式。我不是说我们的语言决定了我们形而上的概念，而是说我们的语言可以给提示我们形而上的概念。

② 在以下例子中，英文单词都是以“self-”开头，中文翻译多以“自我”开头。“自焚”与“自体受精”为例外，但是与其他词的差异可忽略不计。无论是英文还是中文，“我们”的语言对“自我组织”这一概念都能提供若干启示。

自焚　　　　Self-immolation

很有可能，有些人读这本书是为了充实自己，那么读这本书就是在充实读者的自我。注意，当我们使用“自我充实”（self-enrichment）这个词时，有一个单独的主体(a)，正在对一个对象(b) 执行一个动作(Verb)。在这种解释下，句子可以公式化为：

$$Verb(a, b)$$

注意 a 和 b 是相同的，它们都是自我本身（self），所以我们应该修改公式：

$$Verb(a, a)$$

如果当做动词使用，那么字符“self-”意味着来自单独实体 a 的自发动力。

那自我怀疑呢？如果你对哲学领域不熟悉，可能会在拿起这本书时进行自我怀疑，“我能理解它吗?”在“自我怀疑”一词的用法中，我们再次看到了公式：

Verb(a，a)

当笔者最初写这些观念的时候，笔者读到了关于自焚的新闻。自焚就是人放火焚烧自己。同样，公式是：

Verb(a，a)

这种公式——这种语言表达的方式——说明了我们如何看待一个人的行动。其内部动力来源于独立实体（individual entity），并指向该独立实体。

在英语中，我们还有另一种“self-”词根的用法。思考一下下面这些词语：

自我治理　Self-governance
自体受精　Self-fertilization
自我组织　Self-organization

我们先来看自我治理（self-governance），民主是自我治理的例子。在这当中“自我”的使用，让我们看到了组成一个整体的个体以不同方式行动、共同合作，而不是作为个体的实体指向自我的个体行动。仍然有一个可识别的自我，但不是个别的实体，而是一群互动的个别实体。我们看到的不是来自一个实体的内在动力，而是多样的互动——多个个体相互协作为了实现更大的自我（the larger self）的目标，A 投票，B 发言，C 示威，D任职，等等。很难为这种"自我–"行动写出一个公式，但从以下的公式看起来似乎可行：

$$Verb_1Verb_2Verb_3Verb_4Verb_5(abcde,[abcde])$$

也许有人会认为另一种写法更好，如下：

$$Verb_1Verb_2Verb_3Verb_4Verb_5([abcde],[abcde])$$

用括号表示一个独立的实体——自我。但这样的表述表明，看起来像整个实体在分别执行 $Verb_1$、$Verb_2$、$Verb_3$、$Verb_4$ 和 $Verb_5$ 这些动作。这是不正确的，因为自我组织具有多元化，每一个部分相互独立，相互合作。很难将它放入逻辑符号中，因为我们的逻辑符号是为第一种"自我"而创建的，而不是为了这种"自我"。

在“自体受精”的情况下，我们看到这个复杂过程的简化版本。在植物的自体受精中，我们只看到相关的两个部分，一部分释放花粉，另一部分接受花粉。公式可能是这样的：

$$Verb_1Verb_2(ab,c,[abcde])$$

个体的行为是 $Verb_1(a,c)$（植物的一部分（a）释放（$Verb_1$）花粉（c））和 $Verb_2(b,c)$（另一部分（b）接受（$Verb_2$）花粉（c）），这些行为都是为植物整体潜在的目的，即为了物种延续（[abcde]）。

自我治理和自我受精都是多元互动的例子，是自我组织的范例。在多元互动中，一个自我的不同部分相互作用，以促进更高层次自我目标的实现。以上两种“自我”运动的共同点是内在动力，其不同之处在于动力的起源（单一的或多元的）和对象（也是单一的或多元的，但多元的在更高层次上也是单一的）。

这两组“自我”的例子，展现了语言如何帮助我们理解世界。通过进一步观察，我们可以很容易得出这样的结论：一种是结构简单的单一自我，另一种是结构复杂的多元自我。两者的动力都是内在的［这就是为什么我们对两者都使用“自发”（spontaneous）这个词，但没有产生上述已经讨论过的自发性悖论，稍后还将详细讨论］。单一自我的运动动力来源单一，就是说动力可以追溯单一个体，即我——单独的主体。相反，多元的自我是多重动力来源的（multiply-sourced），就是说行为的动力来自许多不同的个体，这些个体以多种方式协同工作。单一的自我具有指示性，比如发出一种命令：“做这个”。多元的自我是相互合作的，不同的行动组合产生一种有目的性的效果。

表 2—2　单一自我和多元自我

单一自我	多元自我
•结构单一	•结构复杂
•动力来源：	•动力来源：
○内部的	○内部的
○单一来源	○多重来源
○指示的	○互动的

作为世界的一个特征，单一自我和多元自我之间的区别，是我们通过用语言描述世界以及反省得到的。世界中既有单一自我又有多元自我。

在哲学中，当我们谈及自我时，话题通常涉及人格同一性（personal identity）。那个 1967 年在地上爬来爬去的婴儿和我是同一个人，这是如何可能的？我父母叫那个婴儿布莱恩（Brian），我今天还叫做布莱恩，但这两个人完全不同，那个婴儿不能讨论哲学，我不再能吮吸自己的脚趾。哲学家所说的一个关键的同一性概念，是现象性概念（the notion of phenomenality），即意识（consciousness）——我之所思所感直至感知到同一的自我。意识中的我一直存在不变。哲学家讨论人格同一性的方式有很多种，这只是其中之一，我想用这种方式来介绍一个概念，它可以帮助我们理解和讨论两种自我，并且它将把我们从运动的领域转移到行动的领域。

为了讨论单一自我（single self），笔者现在先介绍一个术语中“自我”（Φ-self），即感知自我（phenomenal self）。Φ 是希腊字母，相当于英语中的 ph。哲学家们特别钟爱这个字母（因为哲学 philosophy 就是以 ph 开头），并通常用 Φ 作为缩写字母。“Phenomenal”（感知的）也是从 ph 开始的，所以用希腊字母 Φ 指涉这种单一自我确实非常方便。笔者将 Φ– 自我定义为具有感知的自我，意味着意识到自己和世界。相对的，C– 自我是一个复合体（complex），意味着群体为了统一的目的而共同协作，它是一个自我组织的复合体。因为“complex”（复合体）以字母c开头，所以笔者称之为C–自我。Φ–自我有感知的自我意识，C–自我是一个自我组织的复合体。

表 2—3　**两种自我**

两种自我	
Φ–自我	C–自我
有自我的感觉	自我组织的复合体
人类/动物	任何自我组织的系统，包括人类
间歇性的	连续性的
植根于C–自我	可能会产生Φ–自我

Φ–自我可能是人，可能是园丁鸟，也可能是黑猩猩或者其他一些有意识或有自我意识的动物。任何自我组织的系统，包括人类都是C–自我。所以C–自我可以是一个人，可以是人体器官中的一个系统，一个人体细胞，一团云，一棵树，可以是任何自我组织的复合体。

有一件趣事，即Φ–自我会消失，然后又重新原样回来。当我晚上睡觉时，我的Φ–自我会消失；当我早上醒来的时候，它又出现了；当我下午小憩时，它又不见了；当我醒来时，它又回来了。相比之下，C– 自我则完全不同，它是连续的；当它消失的时候，就永远消失；一旦它停止自我组织，各个部分会随熵分散；当一个细胞死亡时，它不会再回来；人体一旦死了，它再也不回来了。

Φ– 自我基于 C– 自我，没有 C– 自我就没有 Φ– 自我。也许某种 C– 自我可能会产生 Φ– 自我，也许不会。

有了这些定义，我们就可以获得自然的人类行动的可能性。作为一个自我组织的复合体，C– 自我从根本上说是自然的，因此任何由它产生的运动都是自然的运动，所以我们现在有了定义自然行为的方法。既然自然行为是自我组织的，即：

1. 它的运动动力是内在的。

2. 它的运动动力是多元的。

根据这个定义，我们可以立即得出结论，Φ– 自我的行为不能被归类为自然行为，因为它不符合 2 的定义条件。

注意一下这里的方法，我们采取了西方经典的二分法并重新对其进行思考，不是人与自然二分法，因为这种二分法会排斥自然的人类行动，而是 Φ– 自我 /C– 自我二分法。只有 C– 自我行为才是自然的，但由于人类行为可以分为 Φ– 自我行为或 C– 自我行为，自然的人类行动可能性从一开始就是存在的。我们所要做的就是寻找自然的人类行动，这就需要我们找到一种人类的 C– 自我行为。进一步来说，如果它在严格定义上也是行动，那么我们就发现了一个自然的人类行动（action）案例。

我们将与自然行为相反的行为，称之为有为行为（artifice）——即来自于 Φ– 自我的行为。这给了我们以下两个定义：

> 有为行为（artifice）——任何源于一个 Φ– 自我的行为，自认为受单一的内在动力所引导。
>
> 自然行为（natural behavior）——任何源于自我组织系统的行为，借助于自我组织。

现在我们可以停下来思考一下：Φ– 自我是否有可能消失，而唯一能解释后续行为的方法就是借助 C– 自我？我们已经说过 Φ– 自我是间歇性的，当它真的消失了，人还可能有行为吗？如果可能，是否也有可能从严格的哲学角度将其归类为真正的行动？如果这两个标准都能得到满足，那么我们就会找到一个自然的人类行动的例子。

四、分裂自我的高级表现

帮助我们思考行动技术方面的一种方法，通常是通过哲学家将运动（motion）归于行动（action）领域。哲学家会使用一组标准，如下：

感知自我 ⟷ 意志⟷ 行动（phenomenal self ⟷ volition ⟷ action）

双箭头是一个逻辑运算符号，意味着两个事物必然互为蕴含，缺乏其中一个，另一个就无法实现。在这种结构中，我们有一个所谓的行动者（agent）——即执行行动的人，但我们可以将其简化为行动者最基本的部分，即感知自我，而不是使用广义的“行动者”。没有感知自我，就不可能有行动性（agency）。

在感知自我和行动之间，必须有意志，或者类似的东西。哲学家们把这种心理活动称为意志、意图、指导或其他（关于如何称呼、定义它们一直存在很多争论）。基于我们当下的目标，我们不需要限定它的内涵，所以可以随机选择任何一个。目前而言，“意志”（volition）一词将为我们所用。

这个带有双箭头的公式，向我们展示了西方典型的行动思维方式。行动需要感知性的行动者来驱动心理运作①，这导致了外部运动。为了产生行动本身，三者都必须在场。没有意志，就没有行动；没有感知自我，就没有意志，也没有行动。我们也可以从积极的角度来讨论，如果有行动，就意味着有意志，有意志就意味着有感知自我。

笔者认为用这种方式思考行动是错误的，接下来将

① 有些哲学家说，心理运作本身就算是一种行动，但我们现在关心的是实际的外部运动，而不是头脑中正在发生的运作。

说明其中缘由。这种定义行动的思维方式，是一种典型的形而上学的方式。感知自我——行动者——通常被理解为某种形而上的个体。个体驱动心理运作，而这产生了行动。当我们最初开始讨论上述西方哲学中的行动概念时，特别谈到亚里士多德的学说时，我们讨论的是责任归因，而不是形而上的行动者。西方哲学家往往不经意地把这两个概念（责任归因和形而上的行动者）合并在一起。接下来，我们将看到这两个概念，可以并且应该被分开。形而上学的行动者是一个不必要的概念，我们可以依赖简单的责任归属关系，作为行动的条件。

按照我们上面的理论，随着感知自我的消失，我们将有可能获得自然的人类行动。由于意志（或意图、或指导）的问题有特别多的争议，我们可以把它先放在一边。

我们现在要做的，是从当代实验心理学中研究三个行为案例，看看我们是否能将它们的其中一个归类为自然的人类行动。根据以上两个标准，他们必须是第一，C– 自我行为（不涉及 Φ– 自我）；第二，在责任方面可归因于特定 C– 自我。

我们需要做的第一件事，是认识到尽管 Φ– 自我主观上是单子（monad），作为一个单一的、不可分割的个体，但实际上它不是单子，而是统一体。我们的心理活动是由许多方面共同聚集起来的，给我们一种感知上的体验：思想、感觉、欲望、记忆、希望、技能等。假设你正在做一个行为，而这项活动的关键部分涉及以上某个的心理方面。现在假设这一心理方面突然掉线了，不能运作，我们还可以把由此发生的运动称为行动吗？连执行这个运动都可以吗？如果这两个问题的答案都是肯定的，我们还能说Φ–自我负责执行这个行为吗？或者我们不得已将其归于剩下的其他心理方面，即C–自我？

如果一个行动发生了，而不能归因于Φ–自我，那么剩下的只有C–自我。如果这是真正的行动，而能归因于C–自我了，那么我们就找到了一个符合上面对自然人类行为条件的案例。接下来会考虑以下三种例子，注意我们是在寻找两个特定的条件。首先，必须将Φ–自我减少到我们不能将责任归于它的程度；其次，必须有一个可识别的行动（action），从严格意义上讲，不只是行为（behavior）。

第一个可能归类为行动（action）的非Φ–自我行为（non-Φ-self behavior）是梦游——不仅仅是梦游（sleep-walking），更广泛地说是睡眠行为（sleep-behavior)。梦游是真实存在的现象，确切地说是指那些仍处于睡眠状态时的人起床并做出行为。例如，我的一个学生告诉我，他的一个室友晚上会起床，如果有人坐在客厅里聊天，他会出来和他们坐在一起，进行一次完整的交谈，而早上却不记得了。根据这个学生的说法，其他人知道这个人并不对劲，但他仍然可以进行某种形式的对话。科学家们已经记录了各种梦游行为，除了走路和说话之外，还包括打架、做饭和性行为。事实上，还真有几个为所谓梦游辩护的法律案例，基于他们为梦游的辩护，被控谋杀的人被免除责任。

请注意这样的辩护与我们的主题有关。一个人犯了谋杀罪，但声称自己不负责任，因为自己一直处在睡眠状态中。换言之，这个人说的是 Φ– 自我不在场，因为 Φ– 自我不在场，所以他不负责任。这种情况符合上述行动的第一个条件，有了归因于 C– 自我（而不归因于 Φ– 自我）的行为。然而，根据辩护方的说法，由于责任不可归于这个人，因此这个案例不符合第二个条件。

梦游是一个有趣的例子，因为它给我们提供了一种 Φ– 自我明显消失了的行为。至少，这个例子告诉我们，人类的 C– 自我行为是可能的。我们可以继续讨论是否任何梦游行为都符合责任归因标准，但这样的说法很难确定。与其这样，不如再谈其他两个案例。从中我们可以得到更明确的答案。

催眠也是真实存在的。读者可能在电影中看到过这样的场景：一个人晃动拴在链子上的钟表，另一个人因为催眠而变得目光呆滞。催眠师这时可以这样说："当你醒来，听到我打响指时，像狗一样叫。"当这个人从恍惚中醒来，催眠师一打响指，这个人就莫名其妙地像狗一样叫，显然他（或她）不是自我决定的。催眠师可以再次催眠那个人并消除暗示。

在催眠状态下，许多通常被视为 Φ– 自我不可分离的特征，如记忆、习惯、欲望等，可以被分离出来，被催眠者视为不是自己正常认知情感的一部分。这就是为什么心理医生可以用它来治疗类似成瘾性的病。有趣的是，反过来也可能发生。通常与人无关的特征可以被合并。

考虑以下的可能性。有一种活动需要你正常的心理技能中的一部分。然后，在催眠状态下，它被抹去。不过，你仍然可以做这个活动，甚至可以做得更好。如果这种情况发生了，但你并不觉得自己在做这个活动，那么一定是 C– 自我在起作用。如果 C– 自我做得很好，也许按归因责任的技术标准来说，它会上升到行动的层次。

责任是很难确定的。通常，我们会认为谁犯了错谁受责备，然而，我们也可以说，谁做了值得称赞的行为就该得到表扬。注意，这种责任归因的意思将会与接下来的内容息息相关。

现在，我们不讨论假设的可能性，让我们从科学的实际情况来探讨。在注意力的认知科学研究中，有一个测试揭示了人类认知中非常有趣的现象。这个测试称为 Stroop 测试。在我们转到 Stroop 测试本身之前，想象一下在计算机屏幕上显示一个蓝色的圆圈，要求被试者识别圆圈的颜色，简单地说，“蓝色”；现在会看到一个黄色的三角形，“黄色”；现在一个红色的三角形，“红色”。Stroop 任务是这样的，不过不是去识别有颜色的形状，而是识别有颜色的颜色单词，例如，屏幕显示“蓝色”这个词，这本书的印刷颜色是黑色的，但在计算机屏幕上，“蓝色”这个词的颜色可能是蓝色、绿色、红色或黄色等。

有趣的是，在这个任务中当一种颜色与这个表达颜色的词而不是形状关联时，被试者的反应时间会在两个方向中的一个方向上发生变化。如果表达颜色的词和颜色不匹配，比如说“蓝色”这个单词是红色时，被试者辨别颜色反应时间会比红色的形状慢，因为人的主要反应是阅读单词而不是辨别颜色。为了辨别颜色，被试者必须抑制读单词的冲动，这需要时间，减缓反应。换句话说，阅读的冲动干扰了辨别颜色的努力。认知科学家称之为干扰效应（interference effect）。

更有趣的是，当颜色和单词匹配时，被试者的反应时间会比相应颜色的形状更快，这被称为促进效应（facilitation effect）。

现在假设被催眠了，催眠暗示是不能再识字，也就不能再阅读了。阅读能力无疑是自我的一个重要组成部分，我相信读者也会这么认为。如果你明天醒来，再也无法阅读，你会认为失去了一个非常重要的自我组成部分。有一组特别聪明的科学家按照这种方式对人们进行催眠，催眠成功后，植入了文盲的暗示，然后让他们做 Stroop 任务。[①] 结果呢？干扰效应完全消失了，他们好

① Amir Raz and Natasha K. J. Campbell. “Can Suggestion Obviate Reading? Supplementing Primary Stroop Evidence with Exploratory Negative Priming Analyses.” *Consciousness and Cognition* 20, no. 2 (2011): 312–320.

像在只看形状而不是这些颜色的单词。

对我们来说，这意味着什么？由于看不懂这些单词，我们就可以排除干扰效应的影响，在识别颜色时他们的反应时间得到了改善，所以他们在这项任务上做得比正常阅读时要好。随着正常认知能力的丧失，被试者的 Φ– 自我明显降低。

还记得 Φ– 自我是什么吗？它是我们的一部分，它能意识到我们在做什么，好像它控制我们的行为。读者可能会认为，在辨别颜色的过程中，那种明显的控制感仍然存在，所以我们应该把责任归于 Φ– 自我。考虑一下这个实验的另一个元素，即促进效应并没有完全消失。当被催眠者识别出与呈现的颜色相匹配的单词时，他们的反应时间比颜色不匹配的单词要快[①]。这意味着，

---

① Raz 和 Campbell 认为（同上），对于高度被暗示的人（Highly Suggestive Individuals, HSIs），Stroop 测试的促进效应消失了（将其与中立测试对比，严格意义上来说这是真的），但仍起作用。根据 Raz 和 Campbell 的结果，对于 HSIs 在一致和不一致的测试下，反应时间的不同具有统计显著性。此外，在这项研究中，在一致测试下 HSI 的反应时间明显下降，在另一研究中（Amir Raz, Jin Fan, and Michael I. Posner, "Hypnotic Suggestion Reduces Conflict in the Human Brain"）更是这样。这两种结果都表明其中还有可供研究的内容。

即使被试者感觉自己不在阅读单词，其实阅读仍然在进行，但这种阅读是有辨别性的，不是为了妨碍表现，而是为了提高表现。我们仍然可以称赞这个人做得很好，但是应归功于 C– 自我，而非 Φ– 自我，因为被试者不知道他们在进行辨别性地阅读。

这个催眠的 Stroop 任务是自然的人类行动吗？在这种情况下，很明显，条件 2 得到了满足：我们表扬某人比平常做得好，那就是把责任归因于他，这就是行动。但是条件 1 呢？是 Φ– 自我还是 C– 自我负责呢？在我看来，这是 C– 自我，所以，这的确是自然的人类行动的一个例子。

读者可能仍然怀疑这不是真正的自然的人类行动的例子，或者 Φ– 自我发挥基础性作用。不用着急，我们还会考虑一些其他情况。在寻找自然的人类行动时，还有其他"自我缺失"心理状态，除了梦游和催眠之外，还有：

- 醉酒
- 头晕
- 做梦

· 亢奋

· 白日梦

· 精神分裂症

· 精神药物

读者可能会想到更多类似的状态。思考一下，在这些心理状态下的行为示例中，Φ– 自我会削减到什么程度呢？在何种程度上，C– 自我是主导的？如果 C– 自我是主导的，行为是否会上升到真正的行动水平？好像有一种心理状态，可以认为是很鲜明的例子，即自成目的体验（autotelic experience），通常被称为心流（flow）。

我们将从两个角度来看待这种心理状态，第一个是尼古拉·多勃雷宁（Nikolaj Dobrynin）的作品。他是 20 世纪 30 年代苏联研究注意力的科学家，他区分了三种不同的注意力。在西方，我们只知道两种不同的注意力：有意注意（voluntary，又称随意注意），无意注意（involuntary，又称不随意注意）。以前苏联的心理学学生会学到第三种注意力，这种观点今天仍然在俄罗斯的心理学教科书和中国的一些教科书中存在（然而并没有出现在英翻中版本的教科书中）①。

一方面，读者肯定知道无意注意，当被外部刺激吸引时它就出现了，比如门突然关上，发出一声巨响，大家会不由自主地转过头来看看那里到底发生了什么。另一方面，当我们用一种内在的动力，去引导注意实现一个预定的目标时，有意注意就出现了。比如当学生为考试而学习时，这是一个很好的例子。学生必须不断地努力集中注意，并引导自己向目标前进。多勃雷宁注意到，学生们为了保持注意力花费很多功夫，又因为这需要努力，所以他们并不想这样做。另外，他还注意到学生在玩游戏时也需要保持注意力，甚至需要高度专注。他发现这是一种与众不同的注意。

当一个孩子玩游戏时，注意既不是完全无意的（由外部刺激引起），也不是完全有意的（努力地指向一个目标）。相反，注意是两者的结合。当孩子去学游戏规则并开始玩游戏时，这时候用的就是有意注意。这是一个缓慢、困难的过程，需要努力专注。当孩子学会了游戏规则知道怎么玩的时候，这个游戏会变得更容易，他

① 不知在美国和欧洲的影响下，这个观点最终是否会完全从中国的教科书中消失。如果消失了，那将太可惜。

们会沉浸到活动当中。这就从有意注意力转移到多勃雷宁所说的有意后注意（postvoluntary attention；又称随意后注意）。在有意后注意中，被外部的事物吸引，并且注意是目标导向的。因为沉浸在其中，感觉不再费力，所以保持注意并不困难。这就是为什么一个学生做功课时只能短时间内感到不疲劳，但可以连续不断地玩游戏。多勃雷宁好奇这种有意后注意是否有利于教育目的，不幸的是，这种观点并没有走进西方的视野。

但是在美国，米哈里·齐克森米哈里（Mihaly Csikszentmihalyi）研究了类似的现象。在一个完全不相关的研究项目中，他发展了一种他称之为“自成目的体验”（autotelic experience）或心流（flow）的理论。根据齐克森米哈里的说法，自成目的体验具有以下特征：

- 变化的时间感
- 高度的注意力
- 面对全新的高挑战时的信心和舒适感
- 感觉不费力
- 没有自我意识

通常，变化的时间感就是感觉时间过得慢了。例如，读者是否有过一次愉快的谈话，感觉才过去了 20 分钟，但实际上已经超过了 2 个小时？这就是齐克森米哈里所说的变化的时间感。

心流（flow）也涉及高度的注意力，即使对专业人士来说，这也是心流中最容易被忽视的方面之一。或许他们曾经想过所认为的心流体验，并认为它涉及意识的漫游，但这种并不是心流体验。心流必然涉及高度的注意力，尽管感觉起来可能不需要意志努力的专注。

心流体验通常涉及高水平的技能。当处在心流体验之中，能够用擅长的技能克服困难而感到毫不费力。

对于我们来说，最重要的是自我意识的缺失，这意味着尽管在执行任务，但它似乎在某种程度上与个人脱离了。

最初，齐克森米哈里研究过艺术家，他们中有许多人向他反映过类似超脱的流畅体验，由此他得以发展这样的学说。然后，在各种各样的活动中他都发现了这一现象，包括下棋、攀岩、体育运动和演奏乐器。笔者曾与专业音乐家们交谈过这个话题，他们非常希望自己上台表演时处于这种状态（尽管这种状态很难得，并不是有求必应）。运动员也希望如此，因为当人处在心流状态下往往表现得最好。因此有专门培养这种状态的教练。

心流体验是与本章主题相关的，因为在这种状态下，Φ– 自我暂时消失了，只有 C– 自我在进行控制。齐克森米哈里曾采访过攀岩者，下面是他们的话：

· 不觉得自己在做有意识的事情，好像正在适应岩石并成为它的一部分。

· 全神贯注于所做之事，以至于不会认为自己与它是分离的。

· 不管怎样，事情就正确地完成了，不用去思考或做任何事……自然而然发生了，但注意力更集中。

· 做出了正确的决定，但不是出于理性思考。心理停止运作了，而身体自动运作。①

"自然而然发生了。"在第一章中，在我们谈论自然和无为的时候，我们已经提到过这个观念，事物被描述为"因为他们自身"（of their own accord）而发生。这

① Mihaly Csikszentmihalyi. *Beyond Boredom and Anxiety*. New York: Jossey-Bass, pp. 86-87.

个概念指不同层次的自我组织——人类个体的层次（譬如攀岩者）和社会的层次。对于攀岩者来说，似乎是C– 自我在攀岩，“心理停止运作了，而身体仍然在运作”，这似乎是对“Φ– 自我”消失的描述。

值得一提的是，在这些采访中，齐克森米哈里并没有事先向他的被试者透露他的想法，询问他们是否经历过他所说的那种情形。相反，作为一个优秀的科学家，他只是要求被试者描述他们的经历，并找了一个模棱两可的借口证明他的工作正当性。在搜集并检查了许多采访后，模型才开始出现，他才得以发展出理论来。

对该话题而言，自成目的体验指什么？梦游这一案例很清楚地满足了第一个标准——Φ– 自我的消失，但是没有达到真正的行动水平。催眠的案例，看起来似乎算是行动了，但笔者猜有些人还是不相信 C– 自我完全在控制自我。对于自成目的体验，或者叫心流，不管如何称呼——它都达到了两个条件：Φ– 自我消失了，C–自我在执行行为，而这些行为表现出非常高超的水平，似乎不可能不将责任归于它。

笔者猜想可能有一些读者会争辩，如果一个钢琴演奏者声称“就感觉像是钢琴自己在演奏”，按照这样的逻辑就不应该表扬这个钢琴家，但这种反驳很难经得起推敲。毕竟，如果不把功劳归功于钢琴家，那么该赞美谁的表演？想象一下，一个网球运动员在整场比赛中都处于心流状态，把对手打得落花流水。如果对他说："对不起，你不能得到奖杯，因为你的 Φ- 自我不在那里。"是否可以？这个和为梦游谋杀辩护有所不同。在下一章中，我们将看到心流如何揭示认知科学中行为和意识的新边界。在认识到心流之前，我们可能认为不可能有意识，但却又没有自我意识。然而，自成目的（autotelicity）的现象告诉我们，我们可以完全占有意识，这个意识在一个非常高的层次上控制我们的行为，但是又感觉好像自我不存在。

这并不是说行为失去了控制。回想一下，上文提到关于心流的一个标准，即处于控制之中，但它不是一种意志努力控制的感觉，而是一种无论发生什么事情，都能获得顺利处理的一种感觉。在这种情况下，"在控制之中"的意思等同于"没有失控"。笔者以前从来没有滑过雪，但笔者倾向认为，处在心流中就如同一个专业的滑雪者加速下坡顺利地跳跃雪墩一样，活动推着人前进，并且行动者会解决遇到的任何问题，然而不觉得前进需要反复思考，它自然而然发生了。

在自成目的的案例里，笔者认为我们现在已经解决了上面困扰我们的悖论。我们发现了一个真实的自然的人类行动案例。正如上文所说，如果 C– 自我行动是自然的，那么自成目的就是自然行为的一个例子。我们已经消除了人与自然之间的隔阂。

总之，我们从物理学中提取了一种在自然界中很常见的运动方式，即自我组织的概念。还把它应用到人类的运动上，因为人就是一种基本的自然生物，并且几乎能在每一个层面上都以自我组织的原则运作。这些内容不应引起任何争议。在这个过程中，我们孤立了一种可以被描述为自然的人类运动，也就是发生在自成目的体验中的运动。如果读者自己感受到了它，或者在别人身上目睹了它，那么把它描述为自然的也不应该引起争议。

五、自然行动与身行艺术

人类的边界不再是非自然的边界，所以现在也可以说自然界中可能存在有为的行为。换句话说，个体感觉到通过哲学家所谓的“意志”，或者意愿、意图或任何代指心理行为的驱动力，作为单一来源指引行为的发生。动物是否也有这种感觉？由于我们不能进入动物的心理来进行研究，所以很难回答这个问题。但从观察到的行为来看，就像在园丁鸟一样，动物可能有这种感觉。至少现在，由于我们已经改变了自然和非自然的有为行为，进一步研究这种可能性应该没有争议。

另外，值得进一步研究的是，通过我们的分析，似乎已经展现出来一个新的艺术概念。然而，在讨论它之前，让我们先总结一下本章的要点。对艺术的讨论将是一个意外的收获。

我们从自然的悖论（the paradox of spontaneity）开始：

1. 运动是自发的，因为它是自然的一部分。

2. 运动是自发的，因为它与自然相分离。

这是在对西方哲学的研究中，寻找类似的中国自然观念时发现的。但我们也发现，在行动哲学中，另一个为哲学家所忽视的悖论。如下：

1. 对人类而言，自然行为是不可能的，因为能归因责任的行动处于自然规律之外。

2. 人类行动必定是自然的，因为人类本质上是自然生物。

事实证明，这些悖论实际上是表达同一事物的两种方式：从外部角度而言，人类的边界就是自然的边界；从内部角度而言，人类的边界就是有为行为的边界。在自发（spontaneity）悖论中，第二个命题是错误的；在自然的人类行动的悖论中，第一个命题是错误的。两者的错误都源于将人的行为看作是由单一的意志引起的。相反，它是由许多不同部分通过自我组织的合作而产生。

对于行动哲学家来说，最重要的问题应该是：为什么有单一意志的感觉？我们明明知道行动是多元的互动，但感觉上好像仍有一元意志。因此，我们不应该问是否有自然的人类行动，更不应该完全排除这种可能性。我们应该问有为行为（artifice）是从哪里来的。为什么我们觉得可以与自然分离？亚里士多德学派基于自然的人类行为必定是决定性的前提上，并为了赋予人类行为以责任，构建了人与自然的分离。然而，这一前提似乎还远未确立。更可能的是，这种自然运动的决定论观点与实际情况相比过于简单了。

让我们回到意外收获这部分。

如果行动哲学可以超越西方传统自由/必然二分法，那么，它的前途如何？或许可以思考一下美学中的行动，特别是自然行动。

齐克森米哈里发现，自成目的（autotelicity）普遍存在于艺术家中。事实上，正是他对艺术家的研究，推动了他长达数十年对自成目的研究。在为他的初步研究收集数据时，齐克森米哈里说，艺术家（画家）说，当他们感觉自己在最高水平上工作时，就感觉自我离开了，好像这幅画是自己完成自己的。后来，齐克森米哈里将他的研究范围扩大到了各种各样的活动，包括表演艺术如舞蹈、音乐和戏剧，都得出了相同结论。

自成目的的现象提醒我们，有时我们会感觉行动是自然流动的，有时我们把别人的行动称为自然的并作为审美对象，正因为它们的自然性（naturalness）。让我们简单地探寻一下，作为审美对象的自然的人类行动。

有了对自然/有为行动新的区分，由于具有最高美学价值的作品可能接近于在自成目的的环境创造而成的作品，因此我们可能想要去往最近的美术馆或图书馆，开始评估绘画、诗歌和音乐作品，或多或少地将它们标记为自然的或有为的。然而，问题在于，艺术对象的质量与在创作过程中的自成目的性没有直接的可感知的关联。它充其量是间接的，因此，任何这样的评价都充满了危险，更别说没有客观的审美标准。创造过程也许正如一位作曲家所说："我的手似乎离开了我自己，正在发生的事情与我都没有关系。我只是坐在那里，怀着敬畏和惊奇的心情看着它。音乐自然而然的流出去。"①但也有可能，另一个乐谱上相邻的音符可能是由另外一个同样有天赋的作曲家，相隔几天或几个月的创作而成的，而且反复修改过。

如果一个人试图通过评估艺术家在创作时的心理状态，进而判断一件艺术品，那通常是无望的，因为他只留下这件作品，而没有留下创造过程。所以当我们看《蒙娜丽莎》时，我们可能想，达芬奇画这幅画的时候，他是否处在心流之中。或许是，或许不是。光看这幅画

① Mihaly Csikszentmihalyi. *Flow and the Foundations of Positive Psychology*. New York: Springer, 2014, p. 142.

不可得知。然而，有一种艺术可以看到其中的艺术性过程，最明显的例子是舞蹈。舞蹈演员（而不是编舞）的艺术性展现在我们眼前。我们也看到了编舞的艺术性，但只能看到她想让我们看到的，我们无法目睹编舞的过程。对于舞者来说，过程就是一切，其他都只是准备。这适用于任何舞台表演，包括现场音乐和演戏。虽然作曲家和导演创作的过程仍然是隐藏的，但表演者会将一切都展现出来，我们以“自然”的标准来评估他们，而不是要被迫的、僵硬的或非自然的表演。

我们可以称这种艺术为“身行艺术”（somatic art），因为它取决于身体的自然行动，具体是指在作品本身中可以看到整个艺术过程的艺术。除了表演艺术之外，它也适用于中国书法、中国水墨画和杰克逊·波拉克（Jackson Pollack）开创的点滴画。一位绘画老师曾经批评过杰克逊·波拉克的创作没有很大程度地汲取大自然，杰克逊·波拉克理直气壮地反驳：“我就是大自然。”①

在身行艺术中，过程和结果似乎不可分割。如果真

① Kim Evans. *Jackson Pollack*. Framingham, MA: RM Arts, 1987.（纪录片）

的像我们所说的那样，自成目的性推动了创造的过程，那么就可以根据表现自然程度来判断所有的身行艺术。“自然”实际上可以作为这类艺术的一个明确的标准，这就是为什么把舞者的动作描述成自然是一种高度的赞美。同样，中国也有一个悠久的审美传统，即用源于自然的词汇来描述书画作品。这种艺术创作过程中有一种反映自然的动态性。在美学上追求这些理念，将中国古代的美学概念引入当代理论，就像第一章引入“自然”这个概念一样，可以帮助我们丰富行动哲学。

第三章

非努力注意：现代认知科学中所缺少的概念

Effortless Attention: A Missing Concept in Contemporary Cognitive Science

在第一章中，笔者从中国传统哲学的视域引入了“自然”的概念，并试图在西方哲学中找出一些与之对等的概念。在第二章中，研究了西方没有“自然”这一概念的一些后果，其中之一是存在于行动哲学中的悖论，即人类从自然中被移除。继而通过推理，笔者认为在这种范式下，讨论自然的人类行动是不可能的，随后试图将“自然”引入当代的行动哲学领域中，以此来阐释这种悖论是如何解决的。

在这一章中，笔者将会做一些类似的研究，研究主题没有选取哲学主题而是转移到认知科学主题，并展示其中的一个范式是如何继承西方知识史的。在那里，我们又一次缺乏“自然”这一概念，如此一来，我们的理论就有缺口。因此，笔者将再次导入“自然”这一概念来填补这一空白。

本书前言提醒读者留意该书的写作目的。这本书的主要思想是：现代大学中的学科通常来自西方的知识传统，即使是在中国的教科书中，化学、生物学、神经学等都来自西方传统，因此继承了西方传统的很多前提。

这并非是一件可怕的事情，正因为如此，各个学科在社会上均得到了很好的发展。但由于语言和文化形式，每一种传统都有其局限性。其他传统对人类的状况和我们每天面对的各种现象都有过很多思考，所以如果仔细研究这些传统，就可以从中获得一些见解。同时，我们应该审视西方传统，看看它缺少什么，或忽略了什么，或者由于它的语言和文化形式而看不到什么，然后可以把这些不同的传统结合在一起，帮助社会变得更好。

这一章采用许多人认为是最先进的科学之一——大脑科学，来诠释中国古代思想是如何改进它的。这听起来似乎不可能，但笔者认为在本章结束时，读者将会确信：这一点不仅可以做到，而且现在正在完成。

一、努力注意和非努力注意

丹尼尔·卡尼曼（Daniel Kahneman）是美国最著名的心理学家之一，曾获得诺贝尔经济学奖。他以其经济理论著称，提出人们在经济决策时往往会做出某种错误的判断。在经济学领域成名之前，他曾花费十年左右的时间致力于注意这个话题的研究，1973 年出版《注意与努力》。那是很久以前的事了，但仍然与当代的认知科学相关。事实上，它为过去 50 年来对于“注意”的研究奠定了基础。在这本书中，丹尼尔·卡尼曼将注意与努力联系起来。他认为注意和努力是一样的，当人专注于某件事时，一定在努力，如果在努力，一定在专注于某件事——两者之间没有区别。想想看，读者是否同意这个看法？

如果读者认同这个观点，请看图 3—1：

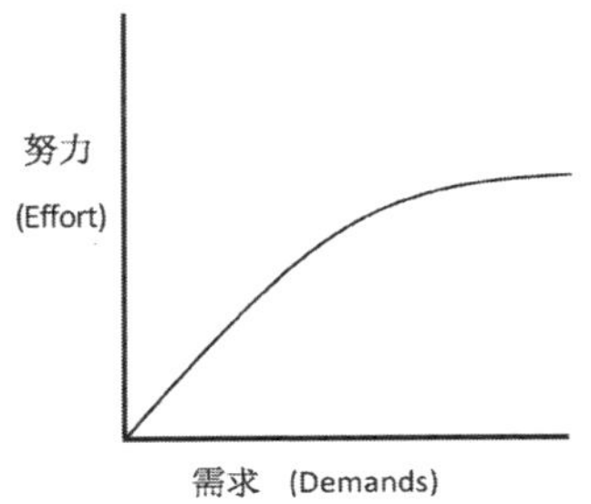

图 3—1 随着需求的增加，努力程度不断增加，直到不能再增加为止。

图 3—1 是为了显示认知科学家如何看待努力和注意的关系。假设有人正在执行一个 2+2 任务。出现的结果如图 3—1 左下角所示：低需求、低投入。如果任务量持续增加，需求将会越来越高。随着需求的增加，

只要继续执行这项任务，努力将自然跟上需求。这是丹尼尔·卡尼曼在书中讨论的——我们没有选择决定投入多少精力。如果我们想继续这项活动，就必须要满足要求，这样一来我们的努力就会增加。因为对他来说努力和注意是一样的，所以我们可以用“注意”来代替图表中的“努力”。

对许多人来说，这个图表直观看起来是正确的。集中注意能使我们完成一些事情，任何这样的过程都需要努力。英语中有相关的标语，譬如“To double your gain, you have to triple your effort”（为了收益翻倍，必须三重努力），意思是越努力，将会从中得到更多。“Effort is the best indicator of interest”（努力是最好的兴趣指示器），意思是人对某件事越感兴趣，就越愿意投入其中。以下是我从网络上搜索到的相关英语格言：

> For every disciplined effort, there is a multiple reward. 每一次有自律的努力，都会有多重奖励。
>
> It's all about the effort. 一切都在于努力。
>
> Work hard to get good, then work hard to get better. 努力工作来变强，然后努力工作来变得更强。

这两件事似乎是一致的。通过努力，我们从中得到了一些东西，注意和努力是不可分割的。不能不注意就把努力放在某件事上。

查阅一些中文书就会发现，在今天的中国社会中有很多类似的读物。例如，畅销书《勤劳、智慧、财富》——意思是通过努力致富。教孩子以后要努力工作的父母同样对此很关注。所以对于儿童读物而言，有诸如《勤劳的昆虫》《勤劳的铲车》《三十天注意力提升》等，这些儿童读物听起来不错。注意和努力没有区别，投入的越多，从中得到的就越多，当然这很不容易。

不能测量研究对象，就很难做到科学。如果不能直接测量，就需要找出一种间接测量方法。事实上，没有直接的方法来量化注意或努力。即使在今天，这也是一个巨大的挑战，更何况是在丹尼尔·卡尼曼时代。作为一种间接的手段来量化努力，卡尼曼将研究转向瞳孔散大。①

瞳孔是眼睛中的黑色部分，在眼睛的中心，它让光

---

① 因为卡尼曼写了这本书，我会用他的名字作为他那个时代许多心理学研究人员的缩写，他们用相类似的方法来研究注意和努力。瞳孔“变大”和“变小”的学术用语分别是“散大”和“缩小”。

线进入眼睛。它是人或动物眼睛内虹膜中心的小圆孔，就像照相机上的光圈，在黑暗中自然变大——让更多的光线射入，在明亮的光线中变小——以防止过多的光线射入眼睛。

读者是否看到过这种现象？当人试图集中注意的时候，就会睁大眼睛。其实类似的现象也不由自主地发生在眼睛中。刚刚说的是更努力的时候这种情况就会发生。但是我们并不知道为什么会这样，只知道两者中有一种相关性，当一项任务变得更困难，而人仍在从事它时，瞳孔就会散大。任务越艰巨，瞳孔就变得越大。这是一个非常有趣的现象。读者可以在家里做一下这种实验，一边照镜子，一边在心里做数学题。然而不仅是努力时，还当想到你爱人时，瞳孔都会散大。这不仅仅是一种与认知努力有关的反应，还有一种情感因素在内。

虽然我们不知道从努力思考到瞳孔散大这一过程的直接因果，但知道瞳孔散大发生在自主神经系统的交感支配期间，也知道努力完成认知任务与交感占优（sympathetic dominance）有关。

在进一步讨论之前，笔者先解释“交感占优”这一概念。在高中生物课上，读者可能学习了自主神经系统，尽管可能只有一个模糊的记忆。周围神经系统是看到、听到和触摸事物时所运行的系统，它的神经元从大脑和脊椎蔓延到我们的手脚和感官。自主神经系统控制着我们更内在的东西，像肝脏、心脏、腺体及所有内脏器官。

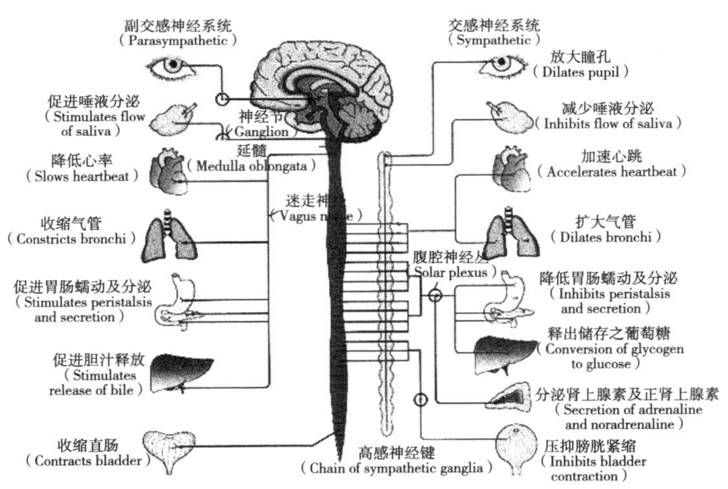

图 3—2　自主神经系统的两侧

自主神经系统有两个方面。如图 3—2 右侧，我们能看到交感自主神经系统元素。图片左侧是副交感神经自主神经系统。在日常生活当中，当你在既不特别紧张也不特别放松的状态下，这些系统可以互通有无地发挥作用，以保持我们的内部系统运行平稳。但是，有时其中一个系统会协调特定于它自身的功能，并会阻碍另一个系统的功能，这样可以更有效地根据特定的目标运行。

读者可能听过战斗逃跑反应（fight-or-flight response）。当交感神经系统占优时就有了战斗逃跑反应。交感占优发生在一系列的情况下：从工作压力、对损失的恐惧，到生存、生死的挣扎抗争。从图 3—2 的右侧可以看到在交感占优下会发生什么。瞳孔散大，口腔不分泌唾液，心跳加快，肺部呼吸更多空气，等等。因此，当卡尼曼使用瞳孔作为注意 / 努力的衡量尺度时，就牵扯到整个自主神经系统的交感神经反应。一般来说，当这些反应中的任何一个随着时间的推移持续发生时，其他反应也会随之发生。这些反应作为一个整体聚集在一起。

自主神经系统的副交感神经占优或多或少与交感神经占优相反，被称为休息消化反应（rest and digest response）。当它占优时，瞳孔缩小，唾液分泌增多（这就是吃饭的时候），心跳减慢，呼吸量减少，胃和肠子处于完全工作状态等。

在第二章中，以认知科学中的常见的Stroop实验为例。在Stroop实验中，屏幕上会显示一个彩色单词（像“蓝色”或“红色”），并指示被试识别单词字体的颜色，而不是单词的颜色意义。第一反应即优势反应，是将这个词读出来，这是我们自身条件反射。这项实验就是迫使人抑制第一反应，这是相当困难的，因此需要努力集中注意。屏幕上的单词滚动的越快，就越需要集中注意。这种或类似的实验被用来测试注意，在注意集中的时候对身体做出的反应进行评估。

根据卡尼曼的理论，注意等同于努力，而衡量努力是通过激活交感自主神经系统而进行的，即交感占优——瞳孔散大、心率增加等，但这正是它变得有趣的地方。事实上并不总是这样，当人关注某件事情时，交感神经系统的各个器官不一定都在运行。例如，有时瞳孔可能会散大，但心率不会增加。这种现象被称为分离（fractionation），与占优对立，系统的各个部分“分崩离析”。自主神经系统那里没有统一的反应。因此，如果卡尼曼的理论是注意由交感自主神经系统占优，这就是一个反例。

对于科学家来说，一个重要的问题是：当发现了异常现象时，当数据结果与理论不相符时，会怎么做？笔者认为这是托马斯·库恩（Thomas Kuhn）在他著作《科学革命的结构》中所说的一个经典例子。在书中，库恩研究了有史以来科学范式的例子，以及数据结果异常时发生了什么？理论学家的反应是怎样的？库恩发现，连科学家都会找借口使数据结果匹配理论，而不是质疑理论本身。科学家的本能反应就是理论是正确的。所以，一旦数据与理论不符，这些数据就会被忽略或者理论会被稍微调整一下以适应数据。

卡尼曼面对这个反常的结果时，他是怎样做的呢？他说这不算是注意。他从三个不同的方面重新定义了注意，并说如果不是交感占优的案例，就不是真正的注意。真正的注意只发生在交感占优下，也就是正在努力的时候。

据笔者所知，只有一篇针对该书的评论文章。在这篇评论中，作者未对该数据异常进行评论。在这一领域，其他科学家也会忽略这一点，这就表示注意等于努力的范例根深蒂固，以至于它发生时没有人能够察觉出任何异常。

这里讨论卡尼曼处理分离的方式，意在说明注意等同于努力理论可能存在问题。另一个问题迹象是卡尼曼从未定义过“努力”这一概念。在书伊始，他讨论能量（energy），继而他停止谈论能量，谈论努力（effort），这就意味着努力等于能量的消耗。但是这到底是什么意思呢？大脑不断代谢，不断消耗能量，注意与日常能量消耗有什么区别呢？

事实上，我们并不知晓当我们在努力的时候，大脑发生了什么。可能有一些能量的消耗，即新陈代谢的过程。但是这一过程与没有在集中注意时的脑袋里过程有什么差异？此事并不知晓。

理解人类认知中的努力含义，一个途径是从物理学中的“努力”概念开始，我们或多或少都有过举重或骑自行车上坡的经历。我们知道，山坡越陡，越需要努力骑行；东西越重，越需要努力才能举起。在物理学中，我们称之为负荷的增加（an increase in load），增加负荷需要增加努力。

在物理学中，这一理论要复杂得多，但可以从这一小点理论转向人体生理学（human physiology），来研究人体的工作原理。在生理学上，我们可以把努力分为两类。一类是客观努力（objective effort），一类是主观努力（subjective effort）。客观努力是指我们做某件事身体所需要的努力，主观努力是指做某件事有多困难的感觉。有两种情况，假设我举起50斤重的大米，这对我来说会感到很难；但是对于举重运动员来说就容易得多，因为他（或她）有很多肌肉。在两种情况下，客观努力是相同的，但主观努力是不同的。

20世纪60年代，一位名叫古纳·博格（Gunnar Borg）的生理学家做了一个实验，他让被试者在跑步机上跑步，然后用心脏监护仪和呼吸监护仪观察被试者的生理反应即客观努力程度。他也问这些被试者自己感到有多努力？他发现两者之间有很好的相关性，人们善于说他们付出了多大的努力。博格开发的主观量表至今仍被人类生理学家使用。所以，如果想知道某些人在实验室或诊所付出了多大的客观努力，不需要利用这些测量机器，只需要问做这件事的人就可以知道结果。这样会节省大量的时间和资源。

关于物理上的努力还有一件有趣的现象，即我们可以使用工具来减少努力。如果想移动一块重达一吨的石头，不能单靠蛮力就能做到，但是可以使用工具，比如杠杆和滑轮，这样就可以减少投入负载力。从生理学的角度来说，可以用低层次主观努力来进行高层次的客观努力。

这是我们以生理学和物理学为视角来了解努力。如将视角转向认知，这些想法中有多少是相关的？对此，还没有认知科学家探讨过。因为我们需要更清楚地思考什么是根本的努力。认知科学家只是假定知道努力是什么。每个人都在谈论努力，但是很少有人试图定义它。

那么，认知中的努力是什么？在认知中有一种现象，称为主观努力（subjective effort）。当我们努力做一道数学题的时候，或者在讲座中虽然感到有点累但仍然注意听的时候，我们都会感觉努力。但是当我们感觉到主观努力时，不知道自己大脑发生了什么，这仍然是个谜。

客观的认知努力也是一个谜。大脑里没有滑轮或杠杆。虽然有神经，但当我们努力的时候不知道神经发生了什么变化。我们不知道当感觉投入更多的努力时，是否真的投入了更多的努力？这两件事是不同的吗？还是我们不擅长评估？反过来讲，也许和擅长评估生理上的努力程度一样，我们也擅长评估认知努力的程度。到目前为止，我们还不知道，因为没办法测量。

当我们从事一项困难的任务时，好像感受和任务存在着某种联系。但在神经学上，两者似乎可以分开。法国认知科学家和神经学家莱昂内尔·纳卡奇（Lionel Naccache）有一名患者，患者的大脑某一特定部位受到了损伤。纳卡奇和他的团队让她做认知任务，比如Stroop任务，随着任务变得越来越难，患者能够像任何正常人一样完成这些任务。但当他们问患者是否感到任务更困难时，她回答不出来。她没有主观努力的感觉，或许是因为她大脑的那个特定感知部分受损了。这告诉我们，客观认知努力和主观认知努力有着不同的大脑结构，它们不是一回事。大脑中似乎有一小块区域在观察我们在做什么，并告诉我们感到多么的努力。如果这一部分受损了，我们就没有努力的感觉。

卡尼曼没有区分主观努力和客观努力。他说，注意等于努力，并意味着努力等于客观努力，而它根据交感自主神经系统得出指标。虽然卡尼曼提到了主观努力的例子，但他没有把它与客观努力区分开来。

有没有可能在一个正常人身上有注意但是不存在努力的感觉？甚至在客观努力减少的情况下，注意是否会增加？大脑中是否有相当于滑轮和杠杆的东西可以让一个人用更少的努力完成一项艰巨的任务？第二章中讨论的心流（flow）的情况如何？这似乎是一个明显的例子，高度关注是否也会涉及较低层次的客观努力？卡尼曼没有讨论这些。

根据目前卡尼曼研究的注意理论范式，在注意保持高度集中的时候，减少努力是不可能的，因为注意就是努力。这就像问你让火保持不变时能不能减少燃烧。答案是“不能”，因为火就是燃烧。

然而，在人类生理学中，通过滑轮、杠杆等减少客观努力会减少主观努力的感觉，这是毫无疑问的。在人类认知中，同样可以通过游戏、投入等减少主观努力，这是否意味着也减少了客观努力？如果一项认知任务感觉越来越容易，这意味着什么？这是否意味着构成努力的因素也越来越少吗？假设这一因素是能量消耗——是否意味着我们在这一方面花费了更少的能量？试想一下一个数学游戏，做游戏中的数学能比在纸张上做数学题更容易吗？如果感觉更容易，是否意味着实际消耗的能量更少？这点我们不知道。我们所知道的是，这在理论上并非不可能。似乎存在足够的证据表明注意不等于主观努力。

笔者想说明的是，纵然在过去的一百年里，心理学界对注意进行了大量的研究，因为主导的范式是注意等于努力——尽管在卡尼曼出版这本书之前，虽然没有表明，但是这种范式已是主流——似乎这个范式有可能是错误的。在本章的其余部分中，笔者也将证明注意不等于客观努力的可能性很大。

再重复一下第一章的内容。在第一章中，笔者介绍了中国思想中“自然”的基本概念。总的来说，这个想法来自二千三百年到二千五百年前的《庄子》和《老子》。笔者把这个概念作为一种最理想行为的理论来关注，并从三个方面加以探讨。我给它起的英文名字是 spontaneity（**自发性**），或者说是 naturally（**自然地**），但中文单词是**自然**和**无为**。“自然”的“自”在这一概念中起到了重要作用，意味着行动来自内在的而不是外在的，没有来自外界的干扰。最重要的是，与控制行为的主要意识不同的是多重因果关系，它存在着互动性。身体的所有部分或其中某一些部分与思维一起运转。在英语中的一个的短语是，有些事情是自身（of its own accord）发生的。这是刘殿爵（D. C. Lau）对“自然”做的合理翻译。

我们将“无为”描述为一种没有直接意向性的行为，例如可能很专注地做了一些很困难的事情，做得很成功，但是在这一过程中并没有刻意做，没有明显地、有意识地努力做，那就是无为。

在《庄子》中看到的关于技巧的故事，其中阐释了自发性 / 无为的概念。笔者试图展示一些有代表性的故事，并将自然 / 无为的心理分解成整体性（wholeness）和流畅的（fluency）两个基本概念。整体性，是指这种心理状态的整体性、不可分割性。流畅性，是指行动的发挥层面。对于整体性来说，包含的一个方面是专注，并且是高度集中的专注。试想读者所学的任何一种技能，以及当读者在一个高挑战性的环境中做这项技能时，读者是如何全神贯注于它的。这就是我们在那些故事中看到的。在故事中也看到了技能高超的人，当被问到他们是如何做到的时候，解释就会涉及高度集中注意，但同时也涉及一种排除（shedding），意味着摆脱干扰，将自身的自我价值或自我关注等事情放到一边。

流畅的概念与人的行动有关。流畅的行动具有反应性。尽管技能高超的人可能在做一些困难的事情，但他可以有效地针对可能出现的情况作出适当的反应。流畅还涉及一种轻松的感觉，即尽管一个人所做的事情在技术上可能很困难，但却没有那种遇到了困境的感觉。这是一种对环境的掌控感。换句话说，它感到不费力。

这是道家“自然”的基本观点，我们看到了道家理想化的行为。这种观点在西方传统哲学中是缺失的。正如故事中讲的那样，因为是一种高度集中并且轻易的感觉，这种观点直接与注意的认知科学的主导范式相矛盾。

笔者第一次接触到自然 / 无为这个观点是在大学时代，那时在学习中国道家哲学。写博士论文的时候对它展开了研究。当笔者成为教授时，开始研究注意，也就是那个时候，意识到目前的认知理论存在问题。笔者突然想到，也许道家的这一观点能更好地辅助理解注意。

但并不是只有笔者对不费力注意有想法。事实上，极少数的科学家已经对类似不费力注意做了相关研究。例如，笔者在本书第二章提到了俄罗斯心理学家尼古拉・多勃雷宁（Nikolai Dobrynin），多勃雷宁提供了有意后注意（postvoluntary attention）的概念。多勃雷宁对帮助学生更好地学习很感兴趣，因为对他们来说，有意注意是很困难的。他认为，当他们玩游戏的时候，可能会集中注意并不感到困难。如果我们能让教育变得有趣呢？有意后注意的概念很重要，这一概念与实验室有所不同，但和意外事件相类似，注意是受某种主题事件所吸引，就像游戏吸引人一样。不过，它也像有意注意一样，具有目标导向。

令人遗憾的是，多勃雷宁的研究鲜为人知。几乎没有一个西方认知科学家听过有意后注意这一概念。俄罗斯认知科学家多勃雷宁在20世纪前半叶完成了这项工作，只有极少部分研究被翻译成英语。然而，如果问资深的中国认知科学家，他们可能会说听说过，因为他们已经接触过俄罗斯心理学理论。尽管如此，在当代中国，这项研究也不再是主流认知科学。

米哈里·齐克森米哈里（Mihaly Csikszentmihalyi）是美国的一位心理学家，他提出了心流理论，更专业的术语称为“自成目的体验”（autotelic experience）。即当人高强度地参与任何活动，如演奏乐器，或举重等体育运动，投入其中，能够满足眼前的要求并不感到困难。这是一种没有时间感、没有自我意识的感觉。根据齐克森米哈里的说法，这些（投入、满足要求、不觉得难、没有时间感、没有自我意识）都是心流理论或者是自成目的体验理论的基本组成部分。缺少其中任何一部分，就不能称之为心流。例如，假设有人在一条安静路上开车或者在一个宁静的花园里散步，可能会体验到一些心流的成分，比如体会不到时间的流逝，但大多数的情况并没有高度关注于开车或散步。如果缺少高度专注，那么，就不能称之为心流。

令人惊讶的是，多勃雷宁和齐克森米哈里的研究并没有影响认知科学。然而一些认知科学家已经借研究冥想开始重新思考注意范式。“冥想”（meditation）从定义上来说是一个高度集中注意活动的例子。当人在冥想时，会将心、意专注，冥想方式各种各样，冥想者可以专注于曼陀罗、咒语、呼吸或思想的来去等。

研究冥想的科学家发现，在冥想过程中，被试可以体验到较慢的心率、较低的皮肤传导率、较低的呼吸频率以及较高的心率变异性。所有这些都是自主神经系统副交感神经占优的迹象，这些迹象说明与交感神经占优相关的努力相反是不费力的。

冥想中的高注意与副交感神经反应的结合似乎证明了我们可以在没有交感占优的情况下获得高度集中注意。这也可能意味着我们可以有高度的专注和低客观努力。

2010 年，笔者主编的《不费力注意》出版。于此之前，在宾夕法尼亚大学的一个项目中，笔者与齐克森米哈里共事六周。他对我的中国哲学背景很感兴趣。该项目重新考虑心流的概念以跨到积极心理学。作为这个项目的一员，笔者想更多了解关于心流的知识，所以去宾夕法尼亚大学的图书馆，尽可能地查阅其他认知科学家对心流理论的研究资料，但是一无所获。三十年来，齐克森米哈里一直在研究他的理论，并出版、发表了相关的著作和文章。但是（这是笔者的观点），因为它不符合认知科学的主导范式，没有认知科学家认真对待它，也不认为它值得研究。因此，笔者扩宽认知科学的眼界，并试图涉猎各种关于不费力注意的认知方面，了解科学家们正在做的研究，从而对不费力有所启发。笔者计划邀请他们为这本书写篇文章。如果他们在研究心流，或者他们想更多地谈论心流，或者想把心流作为认知科学的一个主题，他们会怎么说呢？

庆幸的是，有些著名科学家积极反应。所以我们编了一本书，并由麻省理工学院出版社出版。对于任何怀疑论者来说，这应该是一个很好的证据，证明有可能将一个古老的中国概念引入当代理论。证据不仅包括麻省理工学院的书，还包括美国心理学协会出版的、会定期修订的词典。在《不费力注意》一书出版后，该词典增加了关于“不费力注意”的词条。因此，现在可以说，这一概念已经正式进入了认知领域。

在《不费力注意》这本书中，其中一篇文章的作者是唐一源，他在中国获得博士学位，现任亚利桑那州立大学神经科学教授。我们正在试图从科学上证明不费力的注意是一种实际现象。到目前为止，我们一起发表了三篇理论文章。第二篇文章直接针对卡尼曼（Kahneman）的理论，指出了它的问题所在。

二、非努力注意的科学研究

在这一章中，已经建构了这样一个观点：从直觉上看，注意是努力的这一观点似乎是正确的。但是，同样从直觉上看，注意也可以感觉不费力，比如玩游戏时感觉不费力，这就是处于所谓的心流（flow）中。这两种相互竞争的直觉产生了许多问题。什么是认知努力？客观认知努力与主观认知努力不同吗？ 如果我们要研究不费力注意，我们可以从许多不同的方面着手。在《不费力注意》一书中，我们研究了以下几个方面：

高手技巧

行动句法

决策

身心训练

努力

自动性

行动性

在不费力注意的视域下，以上每一条概念都出现在了该书的引言中，此外，笔者还解释了该书中的文章是如何关涉这些方面。在下面的内容中，笔者将解释其中四个关于注意的研究项目，以及它们如何表明确实存在诸如不费力的注意。笔者将分类研究，向读者展示认知科学中正在发生的一些非常有趣的事情，同时也要指出不费力注意真的是一个值得深入研究的现象。

1. 加布里埃尔·伍尔夫（Gabriel Wulf）是一名运动学家（主要研究人体运动，尤其是与运动相关的人体运动），她花了 20 年的时间研究与注意有关的人体运动。她做了一系列非常简单的实验。当被试者做不同种类的体育运动时，她要求他们注意所做的两个不同方面中的一个。被试者被要求注意他们身体的某个相关部位，或者注意他们身体之外但仍与活动有关的某个事物。她发现，当把注意放在自身之外而不是自身上时，体育运动总是会表现得更好。她运用了各种各样的测试，比如测试肌肉，或者只是测试当被试者做某些活动时发生的结果。她发现，被试者不专注于自身时，无论准确性、力度、协调性和一致性均更高，能量、努力和时间的消耗也都更少。

这点很重要，因为实验表明注意和努力是相关联的，然而关联是负相关的，这样客观的生理努力就可以通过以某种方式关注而在一个活动中减少。至少在生理学上，可以看到注意和努力并没有那么紧密地联系在一起，因此不能说注意必然等于努力。如果注意确实等同于努力，那么，永远看不到两者有什么不同。

伍尔夫做的几组实验能更好地理解这个问题。在一项实验中，她让被试者做举重（曲臂），并用肌电图测量他们的肌肉活动，肌电图显示了施加了多少生理力。她指示被试者的注意或放在杠铃上，或集中在手臂上。

发现被试者将注意集中在杠铃而不是手臂上的时候，显示的肌电图活动较少，但举起的重量则不变；也就是说，举起一样的重量，前者需要的能量较少。

另一项实验是垂直跳跃，伍尔夫让被试直接跳起来触摸铁环。被试者碰到的铁环会告诉她跳得有多高。她指导被试者把注意集中在铁环上或者他们的指尖上。在跳跃到最高度时，铁环的位置和指尖的位置没有太大的区别，被试者关注哪一个应该没有多大的关系。然而，她发现，当被试者把注意放在铁环上时能够跳得更高(因为他们从跳跃中获得了更多的力量)。

第三项实验涉及在跑步机上进行长跑，在实验中，被试者以最大能力的75%进行跑步。伍尔夫让被试者将注意集中在视频环境中或自身的某个部位。当他们把注意集中在外部时，她发现他们消耗的氧气较少，血乳酸水平(由肌肉活动产生）较低，而且觉得活动较轻松。

总之，这些案例说明了不同的注意如何对主观和客观的努力产生可量化的影响。注意的变化导致更有效的行动。当负荷恒定时，所需的客观努力较小。当施加最大的力时，注意的改变就会产生更多的力。这都是非常有趣的结果。

在为《不费力注意》这本书写的文章中，伍尔夫总结了她在这方面的工作，并推测了这些结果背后的原因。她认为有意识的控制扰乱了自动进程，从而制约了大脑的运动系统。当我们专注于身体时，我们会稍微有意识地控制。这可能与我们身体的自我意识有关。因此，伍尔夫将这种现象称为“自我引发的开关”(self-invoking trigger)，通过思考我们的身体，我们将自我带到意识中，从而干扰了行动的自动性。这是她的猜想，我们不知情况是否真的如此。但这是一个值得进一步探索的领域。

2. 伯纳德 · 霍梅尔（Bernard Hommel）是欧洲最著名的认知科学家之一，他研究当我们感知某物，处理信息，采取行动时大脑会发生什么。这就是所谓的感知—行动循环（perception-action cycle)，我们醒着的每一刻都在忙碌着。

大多数人有这样的印象：在行动之前，大脑没有任何与行动相关的活动，只有当开始行动时，大脑才开始运行，继而简单地按照我们的指令运行。事实上，大脑在行动之前就开始估计需要什么，并且在行动过程中不断地计算和预测。假设读者打算用笔在纸上书写。从个人角度来看，这是一个简单的过程，因为几乎不需要任何思考。然而，大脑必须准确计算出把笔放在哪里，把笔放在那里所需的角度和移动力以及按压的力度，还必须预测整个过程中的影响。例如，它必须预测书写表面的硬度和光滑程度，纸会随笔移动还是保持静止？这些事情都发生在大脑中，即使书写者并没有思考。霍梅尔试着理解整个从头到尾的过程。我们到底在评估什么？怎么做？大脑哪个部分在运行？等等。

霍梅尔说，感知—行动循环包括两个基本步骤。首先是行动计划。以纸笔为例，拿笔需要三根手指，表面是水平的，笔或多或少是垂直的，这些是动作的一般特征。他发现这种情况发生在大脑腹侧的处理流（ventral processing stream）中，这个处理流基本上位于大脑的下方。关于从事的任何行为的一般特征，有一个持续不断的信息流。但也有另一种背侧处理流（dorsal stream）发生在大脑的顶部，当行动时，动作的特定部分被填满。当笔要到纸上时，书写者需要精确地计算施加在纸上的压力，大脑会时不时地填充数据。

正如读者的猜想，腹侧处理流是大脑中更为有意识的部分，而背侧流则是意识较低的部分。因此，我们知道行为的一般特征，但是不知道我们时不时在填补行为中所发生的事情，这有一定的自动性（automaticity）。霍梅尔提到了他同事 Prablanc 和 Pellisson[①] 的一个研究。被试者被要求在屏幕上把他们的手指从开始的位置移到一个亮点上。当被试者移动手指时，亮点在被试者眨眼时被移动了少许，令人惊讶的是，被试者仍够毫不犹豫地将手指放在正确的位置，并且不知道自己做出了调整。据霍梅尔说，这个实验证明了行动的两个认知系统——一个对意识开放的系统，另一个在意识之下。这个实验还表明，大脑中发生的任何类型的编码都是一种跨越感知和行动网络的单一编码。

图 3—3 显示了这两个系统的基本特性以及它们如何协同运作。阅读该图的方法是从顶部开始，顶部表示行动计划的开始。黑色圆圈代表意识投入的行动的一般特征（在腹侧流中）。白色或空白的圆圈代表特定特征，这些特征直到需要时才被决定。在意识下（背侧流）的感知输入决定了选择哪种特定特征。

---

① C. Prablanc and D. Pélisson. "Gaze Saccade Orienting and Hand Pointing Are Locked to Their Goal by Quick Internal Loops. In *Attention and Performance 13: Motor Representation and Control,* ed. M. Jeannerod, 653-676. Hillsdale, NJ: Lawrence Erlbaum, 1990.

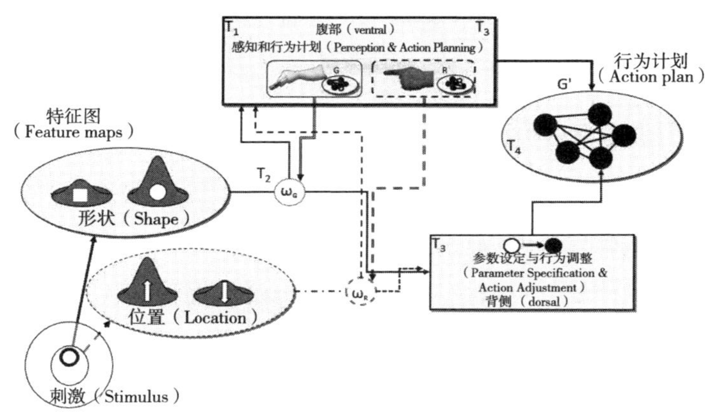

图 3—3　感知 & 行动的通用编码

霍梅尔表示，按照他的研究结果，当前行动目标总是协调行动控制过程。所以不管想做什么，这个系统会控制人的所作所为。当把笔放在纸上的时候也不必自我暗示："2.5 斤的压力，倾斜 75 度。"相反，你会想："写下'亲爱的'这类词。"大脑就接着处理内部的过程。行动控制过程自动触发注意过程。随着行动的展开，碎片式的信息填满大脑，眼睛和其他感知就必须随之移动，但自身可能没有注意到。

因此，霍梅尔认为在日常活动中，例如在户外散步或是在纸上书写时，注意会从这里转移到那里，再从那里到这里，一直在进行，但我们自身感觉不到费力。他认为，当把某人放进实验室，让他们做任务时，这更像是标准的例外而不是标准本身。仔细考虑，一天中有多少时间是真正花在努力集中注意上的？实际上，长期保持努力集中注意是很困难的。

据霍梅尔的理论，如果想理解注意，就必须在正常情况下理解，只有这样才能完全理解。当把某人放进实验室时，这与我们日常行为方式截然不同。通常不会有人指着我们说："做这个做那个，虽然你毫无兴趣，但还得都要做。就五分钟。"这是一种不正常的行为方式。

霍梅尔认为，在所谓的生态效度情况下，以正常的行为方式来研究人类的行为是更好的。他认为正常的注意方式在很大程度上是不费力的。他说，所费力的是行动目标的选择、表意和持续。"经常采用未固定在参与者动机结构中且未得到外在环境支持的人工任务，已导致对处理日常生活所需的认知努力的过度估计。"①

3. 马修·伯特维尼克（Matthew Botvinick）是目前

① Bernard Hommel. "Grounding Attention in Action Control." In *Effortless Attention: A New Perspective in the Cognitive Science of Action and Attention,* ed. Brian Bruya, 121-140. Cambridge, MA: MIT Press, 2010, p. 136.

在美国工作的最著名的认知科学家之一，他研究大脑对外界冲突产生的反应。假设你用笔书写，没有墨水出来，他研究大脑中发生这种情况时的激活部分。他从经济学角度研究大脑如何作出决定。他认为，在做决定的时候，高强度往往会得到最好的结果。换句话说，努力是有回报的。我想读者都知道，如果你想在考试中获得 100 分，你就要努力学习。但高度集中也有高度的消耗。从神经生理学的角度来说，并不确切地知道代价是什么，但确实知道，在我们集中注意一段时间之后，就会感到疲劳。因此，根据伯特维尼克的说法，我们可以得出这样的结论：大脑试图以尽可能低的消耗满足必要的需求。这很有道理，在生物领域就是这样的。没有浪费，一切都得到了优化。

根据伯特维尼克和他的合著者乔瑟夫·马可盖尔（Joesph McGuire）的观点，认知任务中的需求是根据反应冲突来评估的，意思就是说当我们做容易的事时，没有做困难事情时那么多的冲突。例如，你把圆珠笔点在纸上，没有墨水出来。这是一个预料之外的情况，与你所期望的发生冲突。因此，你可能会更用力地按压圆珠笔。这叫做自上而下控制（top-down control）。当我们做事具有自动性时，这叫做自下而上控制（bottom-up control）。

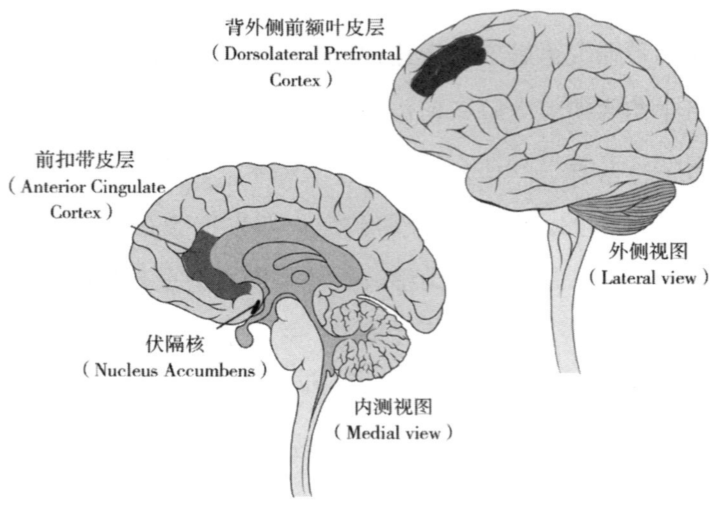

图 3—4　决策中涉及的大脑部分

如图 3—4 所示，可以看到大脑的两个视图，大脑有两面性，如果从左侧观察大脑的右侧，将会看到图 3—4 左侧的视图，这一视图是大脑内部。图 3—4 的右侧是大脑左侧的视图，这一试图是大脑外部。

大脑的冲突监控部分是前扣带回皮层（anterior cingulate cortex，ACC）。如果我正在行动，但发生了一些轻微的意料之外的事，前扣带回皮层就会启动并向背外侧前额叶皮层（dorsolateral prefrontal cortex，DLPFC）

发送信号："出错误了，再加把劲儿。"以纸笔为例，如果把笔点在纸上，没有墨汁流出，一个信号可能从前扣带回皮层发送到背外侧前额叶皮层："用力压。"背外侧前额叶皮层是认知科学家所称的执行控制中心，是大脑中可能与意志相关的部分。因此，即使我们不知道前扣带回皮层也在不断地监控我们正在做的事情，以确保我们的努力能够完成正在执行的任务。

故事还没有结束。大脑内的另一部分称为伏隔核（nucleus accumbens），负责行为的预计回报的编码。假设你有点饥饿，但是周围唯一的食物需要在吃之前进行清洗、切割和煮熟，而不是打开即食。如果你原本期待的是一些准备好的食物，但没有找到，这时脑部前扣带皮层就会开始运行，信息传递到背外侧前额叶皮层，认为事情不对劲。背外侧前额叶皮层将开始计算如何改良。与此同时，伏隔核计算所涉及的回报。在背外侧前额叶皮层中，似乎发生的是回报数量与所需的工作量进行比较，如果回报不足，则背外侧前额叶皮层就不回应，也就不会发生任何事情。只有当回报信号超过努力信号时，背外侧前额叶皮层才会采取行动。

马可盖尔和伯特维尼克的这一文章出现在《不费力

注意》一书中，但这与不费力的注意有什么关系呢？心流经常发生在具有挑战性的行为中，如拉小提琴或攀岩。由于这些活动很难，其中往往涉及许多微小的意外事件，伯特维尼克的模型告诉我们，前扣带皮层会常常活跃并导致背外侧前额叶皮层活跃的增加，也涉及伏隔核的回报计算。这些活动都让我们感到费力。然而有时，即使是在一个具有挑战性的活动中，一切都会顺利进行，无论发生什么，我们都做好了充分的准备。没有意外发生，前扣带皮层未激活，没有背外侧前额叶皮层的信号，那么大脑将处于安静状态，也就意味着行动者不感到费力（甚至连自身的行动也没有感觉）。马可盖尔和伯特维尼克推测，这就是心流的状态。在心流中，这就好像我们与我们的活动合二为一，即使这非常困难。无论发生什么，我们都准备好了，大脑也准备好了，不需要增加额外的努力。从这个角度来看，也许不费力的注意不是减少努力的关注，而是减少额外努力的关注。

由于在实验室中诱导心流很困难，所以这一理论还是一种推测。涉及前扣带皮层、背外侧前额叶皮层和伏隔核的整体模型已经建立了，但不确定它们在心流过程中如何相互作用。

4. 迈克尔·波斯纳（Michael Posner）、玛丽·罗斯巴特（Mary Rothbart）、M.R. 约达（M.R. Yueda）和唐一源（Yiyuan Tang）对儿童注意进行了一些令人惊奇的研究。首先笔者先解释一下：第一，通过多年研究，波斯纳发现有一种他称为“执行注意网络”（executive attention network）的东西延伸到大脑的不同部位。第二，以上已讨论了抑制主要响应，比如在 Stroop 测试中。我们可以用“努力控制”（effortful control）这个词来形容。在 Stroop 测试中，最容易的事情就是读单词。抑制响应以便注意颜色并识别该颜色，这是努力控制。当次要响应取代主要响应时（不仅仅是在 Stroop 测试中），就算进行努力控制。

波斯纳等学者发现，有一些特定的基因具有可以为执行注意网络的不同方面的编码，即有为努力控制的编码。换句话说，不是所有人都有相同的基因，能得到相同的执行注意网络。我们的基因稍微不同，这导致执行注意网络运作的不同。

试想患有注意缺陷与多动障碍（attention deficit/hyperactivity disorder）的孩子是很难集中注意的。波斯纳等学者发现这种缺陷和某些基因有关。但基因不等于命运，他们还发现所谓良好的抚育可以减少这些基因的影响。假设鲍比（Bobby）是个注意力很难集中的孩子。科学家们发现他有COMT基因，这种基因降低了他的执行注意网络的效率。科学家们将他父母带进来，观察他们如何与他互动，发现他们不具备良好的育儿技能。假设科学家研究的另一个孩子萨利（Sally），也有COMT基因，但没有显示出注意缺陷与多动障碍的迹象。在观察下，科学家发现她的父母有很好的育儿技能。其实这种情况不用假设，科学家做过这种实验。在许多被试者身上发现的这些相关性表明，良好的教育可以帮助孩子弥补基因缺陷的不足。至少在编码注意的基因情况下，我们可以这样说。

波斯纳等学者的研究并没有就此止步。他们研究能否通过一些认知训练来提高孩子的注意并改进行为。他们发现，通过两种截然不同的训练，能够提高孩子的注意。其中一项涉及计算机任务训练，即儿童用操纵杆控制屏幕上的人物，锻炼儿童的预测、工作记忆和解决冲突的能力。他们发现了一些非常有趣的事情：在完成这些计算机任务的5到10天后，前扣带皮层中更活跃，这是大脑中进行冲突监控的部分。这些孩子的问题是，前扣带皮层的功能总是不够好，所以他们不知道某些事情是不对的，这使他们更加冲动。波斯纳等学者也发现了一件几乎不可能的事情，即一般智商的提高。两个月后，对孩子进行测试时，这种改善仍然存在。他们还发现情绪调节的提高与延迟奖励有关。

但这并不是他们唯一的一种训练。他们还与其他组被试者进行冥想训练。唐一源发展了一种系统冥想的方法来训练人，他称这种源自中医的实践为整体身心调节法（integrative body-mind training）。在这项研究中，大学生连续 5 天每天练习 20 分钟的训练。对照组的学生做了一种放松训练。波斯纳等学者发现，这种冥想练习与执行注意的提高、较低的负面情绪（意味着较少的烦躁）、较低的疲劳和较小的压力有关。

这一系列研究结果非常惊人，即使注意受到基因的影响，它们也可以被环境以父母抚育和认知训练的形式（包括冥想）所调节。这项工作与马可盖尔和伯特维尼克的上述工作一致，表明注意可以在减少认知努力的同时得到提高（通过提高一个人的努力控制能力）。如果注意只是努力，那么努力的增加或减少总是导致注意同样的增加或减少。这项工作也与笔者上面提到的有关副交感神经优势的冥想研究相一致，因为其中之一使用的是冥想训练方法，即上述唐一源的方法，再次表明副交感神经占优支配和较少的努力之间的联系。

三、小结

总的来说，笔者认为注意也可以是不费力的而不仅仅是努力的。我们以上从心流、有意后注意和与副交感神经占优相关的冥想中注意的角度来研究这个话题。我们看了加布里埃尔·沃尔夫关于外部聚焦如何提高运动效率的研究；在伯纳德·霍梅尔的研究中，他展示了一般注意实际上可能比我们想象的更容易；马克盖尔和伯特维尼克关于心流的神经机制模型以及波斯纳等学者发现注意和情绪调节可以被训练出来的。

由此得出的结论是，中国传统道家的“自然”概念为我们提供了认知科学中注意范式的新视角。科学研究结果与“自然”作为高度注意和低度努力的观点有相似之处，这使人们怀疑西方传统中将注意作为努力的观点。

第四章

自我修养的现代化：运用心理学和古代哲学培养大学生智慧

Modernizing Self-Cultivation:
Using Psychology and Ancient Philosophical
Traditions to Foster Wisdom in
University Students

在第一章中，笔者介绍了自然的概念，并解释了它在早期传统中的含义，然后探讨了曾在西方传统中出现的类似概念。在第二章中，将中国的自然概念应用到了当代西方行动哲学领域。在第三章中，将其应用于当代认知科学领域。这种做法与一般研究比较哲学的学者恰恰相反，他们通常是用西方种种概念来改进中国哲学，笔者认为可以反其道而行之，亦会卓有成效。

在这一章中，笔者将研究视角稍微做了一些改变，除仍借鉴中国文化外，还将借鉴其他古代文化，来探讨培养当今学生智慧的可能性。这将是当代教育心理学领域的一个重要课题。

先讲一个小故事。在上大学时，参加的第一门哲学课是《哲学概论》。上课的第一天，我们得知“哲学家”在希腊语中的意思是“爱智慧者”［philosopher = philo（爱）+ sophia（智慧）］。学期期间的某一周五晚上，我和班上的朋友一起探讨人生问题。我们在想，既然“哲学家”被定义为“智慧爱好者”，为什么这学期我们从来没有谈论过智慧？在开学时，这个话题确实激动人心，我们可以成为智慧的爱好者！但可惜的是，之后再也没有讨论过。

我们想，之所以再也没有讨论过，可能因为智慧是不可教授的。当然，无论以哪种方式获得智慧都很好，但如何让一位大学教授教学生提高智慧？于是，我们开始疯狂地思考如何才能培养学生的智慧。我们突然想到，智慧可能来自于深刻的经历，通常是创伤性的经历，比如出了车祸，朋友或亲戚意外去世，与情人分手，得了重病，等等。我们猜想，当人们遇到那种艰难的经历并开始怀疑人生的目的时，就会从中成长起来。

然而我们又认识到，围绕着深刻性的或创伤性的经历建立一门课程，是不太现实的。为了使学生获得智慧，而让他们出车祸或把他们朋友、家人杀掉，这些显然是不可能的。但是，将学生安排在一些环境中可能有助其成长。例如，让学生在急诊室、医院病房、殡仪馆或老人院做义工，他们将会获得丰富的人生经验。这是我们冥思苦想最后找出的方法。讨论结束后，笔者认为在课堂上培养智慧，看起来不大可能但并非不可能。

二十年后，笔者作为哲学教授，也在教授学生“哲学家”的内涵——爱智慧者。但和笔者自己的教授一样，笔者仅仅只是做了一下说明，并没有教会学生怎样变得更有智慧。直到有一天，笔者和米哈里·齐克森米哈里一起在宾夕法尼亚大学积极心理学中心（他的心流思想在第 2 章和第 3 章中出现多次），探索心流与积极心理学新领域之间的联系。这个研究包括了五组队伍，笔者所在的小组共有四位成员。有一天，笔者和社会学家莫妮卡·阿尔特（Monika Ardelt）出去吃午饭（笔者和她不在一组），其间，她告诉笔者，她的小组正在研究智慧并试图测量智慧，甚至培养学生智慧。

刚开始，笔者认为试图测量智慧很荒谬，更别说传授智慧了。不过，笔者突然间想起多年前的那个周五晚上关于在课堂上培养智慧的对话。她告诉笔者如何做测试，并且在学期初将测试她的学生，然后培养他们的智慧。在期末，她会再做一次测试，看看学生的智慧是否有所提高。她描述得越详细，就越让人感兴趣、信服。在整个午餐时间，我们都在谈论这个问题，后来笔者也在思考：社会学这门学科并不是培养智慧的领域。如果有能培养智慧的人，只能是“智慧爱好者”——哲学家。

很巧的是，笔者那时在教授《人生哲学》，这是哲学入门级的课程。在这门课上，笔者介绍了不同文明的哲学传统经典，并试图让它们与学生的生活紧密相连，笔者突然很想知道这样能否培养学生的智慧。于是，笔者向莫妮卡询问，通过测试学生做初步研究是否具有可行性。作为哲学教授，此前笔者从未做过这样的科学研究。她认为笔者的想法是成立的，并倾囊相授研究的内容。在学期初，笔者给学生做了一个测试，在期末又做了一次同样的测试，在这中间笔者的教学内容、方法没有任何改变。最后，笔者把测试结果发给她，等待她统计分析。她回复道，学生的智慧在学期前后并没有什么变化。老实说这并没有达到笔者期望。但她又说，“祝贺”，笔者没明白她的意思。她说，在大学课程的测试中，学生的智慧水平会从开学到期末往往会下降，之所以祝贺是因为我令学生的智慧水平保持稳定！

接下来，假如笔者真的努力培养学生智慧呢？如果笔者仔细查看她所测试的内容，并弥补课程所欠缺的，如果读了关于智慧教学的书（如果真的存在），然后想办法改进笔者课程，那会怎么样？笔者和她谈论了很多关于如何修改课程和进行更全面的研究，后来将其付诸行动。这一章叙述的就是成果——我们取得的成功以及背后的支撑理论，还有课程的实践细节。

一、智慧的定义

让我们先引用伯特兰·罗素（Bertrand Russell）的话来激励这场旅程，他是20世纪最著名、最严谨的西方哲学家之一。

> 我曾说过在某种程度上，智慧可以被传授。我想这类教育，应当比一直习惯的道德教育具备更大的智力成分……知识和技能的每一次增长，都使智慧变得更为必要，因为每一次这样的增长，都会扩大我们实现目的的能力。如果我们的目的不明智，就会扩大我们制造邪恶的能力。当今世界比过去任何时候都需要智慧；并且，如果知识持续增长，未来世界比当今世界甚至更需要智慧。①

罗素是在原子时代早期写这篇文章的，当时人类似乎正处于毁灭的边缘，许多中小学校和高中仍在教授道

① Bertrand Russell. *Portraits from Memory: And Other Essays*. New York: Simon and Schuster, 1956, pp. 176-177.

德课程。五十年后，核冷战结束了，但气候剧烈变化，人类的智慧水平已经被其技术所超越，道德课程也已经很少在公立学校教授。罗素需要化解原子弹危机，我们仍有原子弹问题以及面对气候变化、基因工程和人工智能的进步等带来的问题。的确，“当今世界比过去任何时候都需要智慧”，为了不使人类走向毁灭，需要用智慧去解决这些问题。因此，笔者同意罗素的观点：智慧非常重要。如果我们真的能增加人类的智慧，这对全社会都有益。

本章分为三个部分。首先，笔者将描述我在莫妮卡的帮助下和学生所做的实验。其次，将讨论如何在正规教育中培养智慧的理论。最后，解释笔者所教授的课程。其中的每一部分，都是在已发表的文章基础上加工而成的。如果读者想了解更多细节，可以在网上找到这些文章。

Bruya 和 Ardelt，“Wisdom Can Be Taught: A Proof-of-Concept Study for Fostering Wisdom in the Classroom”（智慧可以被传授：在课堂上培养智慧的概念证明研究）

Bruya 和 Ardelt，“Fostering Wisdom in the Classroom，Part 1: A General Theory of Wisdom Pedagogy ”（在课堂上培养智慧，第一部分：智慧教学的一般理论）

Bruya 和 Ardelt，“Fostering Wisdom in the Classroom，Part 2: A Curriculum”（在课堂上培养智慧，第二部分：一门课程）

第一篇标题中“智慧可以被传授”无疑是大胆的表述，“在课堂上培养智慧的概念证明研究”含蓄讲仅指概念证明研究而已。并不是说已经解决了如何教授智慧的问题以后不用再讨论，而是主张证明了在正规的教育环境中教授智慧是可能的，并努力让人们知道我们是如何做到的。我们给出了智慧模型和测量标准，从而证明了做这种事情是可能的，在未来也许值得更多的尝试。

2019 年是一个重要活动的五十周年纪念，即人类第一次在月球上行走。在登陆月球之前，有人认为在月球上行走是不可能的。当时甚至不知道外太空是什么样子，也不知道月球上是否有嫦娥和玉兔，对抵达月球的可能性知之甚少，更不用说在月球上着陆了。那时人们有各种各样的猜测，有人说人类登月不可能，也有人认为：我们必须按照一定的步骤才能抵达月球。例如，我们需要逃脱地球引力进入太空。如果这是可能的，那么首先我们需要弄清楚如何在真空中生存，进而还要弄清楚如何回到地球而不在大气层中燃烧殆尽。在迈出第一步之前，所有这些问题都没有解决，所以我们根本就不知道它们是否可行。

“登月”是智慧教学的一个很好比喻。我们不知道是否可以教授智慧，如果可能的话，一定有某种我们可以遵循的方法。为了寻找这种方法，我们首先需要一个可操作的定义（an operationalized definition）——一个智慧的定义，我们可以以系统化的方式探索学生的智慧增长。“操作化”（operationalize）这个词运用于社会科学领域，它的含义是通过量化和测量精确地表达一个概念。

如果能够对智慧做出精确的定义，下一步就要有一种测量手段——一种工具，工具并非指医疗的探针工具。在社会科学中，工具可以是一个简单的调查，通过公认的方法得到验证。

如果我们对智慧有一个可操作的定义，并且有工具测量智慧，那么我们就需要用特定的方法来指导学生。

假设有方法 X、方法 Y 和方法 Z，给学生做了调查后，发现他们的智慧增加了 3.6%，接下来可以考虑用方法 F 和方法 G 替换方法 Z，然后再看看结果的变化。经过一段时间，我们可以优化我们的方法，从而最大限度地培养学生智慧。

莫妮卡不是第一个试图将智慧操作化的人，德国的保罗·巴尔特斯（Paul Baltes）小组是第一个为了实现智慧操作化而成立的学术队伍。他们对智慧的定义是："对生命意义和行为的认识和判断，以及人类出色的协调发展，同时兼顾个人和集体的福祉。"根据这个定义，智者是那些通过知识和判断力来帮助改善自己及他人生活的人。在这个智慧的定义中，可以看到一种非常显著的认知元素。

当读者读到本章时，应该思考自己原有的智慧定义。读者肯定对智慧有基本的、潜在的理解，如果现在想把它明确化，那么如何定义？思考一下巴尔特斯的定义，是否和读者的定义很接近？如果要对智慧进行操作化，二者的定义有何不同？

另一位著名的智慧研究者是杰弗里·迪安·韦伯斯特（Jeffrey Dean Webster），他对智慧的定义是："重要的生活经验中的能力、意图和应用力，以促进自我和他人的最佳发展。”与巴尔特斯一样，韦伯斯特的智慧定义试图改善自己和他人的生活。韦伯斯特的重点是极重要的生活体验（critical life experience），很像我和朋友们以前对话的结论。因此，笔者对智慧的直觉认知与韦伯斯特很相似——在生活中，我们或许都有一个深刻的经历，通常是困境，帮助我们重新建立我们的优先选项。韦伯斯特将他这个想法融入智慧的定义之中。以上是智慧定义的两个例子。或有其他，暂且不谈。

莫妮卡称她的智慧概念为“三维智慧”，因为她将其分解为三个维度：认知（cognitive）、反思（reflective）和兹非（compassionate）。认知维度是“对各种情况进行全面考察，包括积极和消极的方面，理解人类知识的局限性以及生活的不可预测性和不确定性的能力”。和巴尔特斯一样，该定义有凸显的认知元素。请注意其中的两个特点。莫妮卡不仅关注生活的积极方面，也强调消极方面。她认为理解事物如何向好的方向发展很重要，如何向不好的方向发展也很重要。在笔者看来，更重要的是，她强调理解知识的界限和生活的不可预测性。我们通常在学校里获取越来越多的知识，但只有当我们撞到南墙，碰到痛处，才让我们更想清楚地了解某件事。这种不确定性需要我们先去接受，然后才能成功解决问题。对莫妮卡而言，适应这种不确定性的能力是智慧的象征。相对而言，莫妮卡的定义缺乏一种改善他人生活的热情。因为这种不确定性，努力往往会误入歧途。有智慧的人会谨慎地处理问题，不过度干涉（然而参见下面的第二、三个维度）。

反思维度与客观世界的联系较少，与主体间关系（intersubjectivity）——人际关系（interpersonal relations）——联系较多。按照莫妮卡的定义，这是一种“减少以自我为中心、主观性和投射性，以超越自身并从他人的角度看待事物的能力。这种能力包括了对自身和他人的行为动机的洞察”，我们的一生大多是在关心自己，偶尔也会想想身边的人，但很难跳出自身之外。莫妮卡认为，在这一点上，有智慧的人比大多数人做得更好，他们能从别人的角度看待事情。

最后是同情维度，莫妮卡说：“能够对他人展现积极的情绪，如慈悲（compassion）和同情（sympathy），给予他人支持和抚慰，并且不向他人展现冷漠或消极的情绪和行为。”这个维度中的第一部分，莫妮卡强调积极的一面，向他人展现积极的情绪很重要。然而，我们在第二部分中看到，摆脱愤怒和反感等消极情绪也很重要。通过同情维度，就可以看出与以上其他两个智慧定义的不同之处。莫妮卡受到佛教的影响，她经常冥想。因为笔者也学过亚洲哲学，所以当笔者第一次看到她的智慧定义时感到特别契合。

想想读者对智慧的定义，符合莫妮卡的研究吗？是否对其中一面过分强调，而对别的过分忽略？想想所见过的有智慧的人，符合这个定义吗？

让我们来看莫妮卡是如何得出这个定义的，她受到克莱顿（Clayton）和比伦（Birren）的启发①。他们使用了社会科学中一种研究方法，叫做因子分析（factor analysis）。首先，科学家会提供一个核心概念和一些其他概念，并向被试提问哪个与核心概念最相关。然后，他们用数学的方法从与核心概念密切相关的概念中给出一个精确的定义。如果只有一组相关概念与核心概念一致，而其他概念都不一致，那么新定义就有一个“维

① Vivian P. Clayton and James E. Birren. “The Development of Wisdom across the Life Span: A Reexammination of an Ancient Topic.” *Life-Span Development and Behavior* 3（1980）: 103-135.

度”。如果这些概念与其他方面有几种特定的重合，那么就有了几种维度。他们发现了智慧不止一个维度，莫妮卡提炼出了三个。这种方法让我们了解到的智慧，不是来自一本字典或一千年前的古书，而是来自人们今天如何对智慧的思考。从这个意义上说，尽管用因子分析的科学方法精准分析智慧这一概念，但它仍然是一个活泼泼的概念，应该被大众所认识。

莫妮卡继承了克莱顿和比伦的工作，她完善了智慧的概念，然后通过一些权威的测试，从中提取相关问题来测量做出自己的问卷调查。莫妮卡用这份初版的测试，进入了像老年护理中心这样的群体，并要求每个人在群体中找出他们认为最有智慧的人。当人们普遍同意一个或多个人时，莫妮卡对这些人进行了初步调查，以了解调查结果是否与人们对智慧的人直观理解相匹配。就这样，她多次在修正调查结果，直到调查结果与人们直观评价相吻合。因此，莫妮卡的关于智慧的调查不是无中生有的，不是来自自身对智慧的直观看法，也不是来自古代圣人的遗言。

二、智慧的测量

如何衡量智慧？理想情况下，研究方法应该与概念定义匹配。保罗·巴尔特斯小组将智慧视为解决问题的能力，所以他们对被试者采取一对一的方式，向他们提出问题，并观察他们解决问题的能力。这种方法不适用于正规教育，因为它比较耗时，而且依赖于专业评估人员对被试的回答进行评估。

韦伯斯特创建了自己的调查方法以符合他的定义。他将人的智慧视为“五个相互关联的组成部分（幽默、情绪调节、反思、对经验的开放性和重要的生活体验）”。他提出了相关的问题，被试者被要求用数字 1 到 7 来回答这些问题，1 到 7 数字表示同意的程度。如果在每个问题上都得到 7 分，那么他会被认为是最有智慧的人，反之亦然。

莫妮卡同样也创建了调查，但她的方法和韦伯斯特有两个明显的区别。首先，她没有自己设立问题，而她所设的调查都是从原有的社会科学普遍用的调查中提取出来的。其次，她多用否定的方式进行提问，这样测试者就很难猜出“正确”的答案是什么。在这类调查中，重要的是要避免社会称许性偏见，否则被试可能会刻意迎合评估人员。

为了更好地理解莫妮卡测量智慧的工具，让我们看看她的测试问题。测量智慧的认知维度，其中一个问题是：

最好不要太关注已成定局之事。

这意在说明，智慧的人即便关心那些已成定局之事，也不是为了迫使其改变，而是为了有更广阔的视野。注意这个句子是用否定方式表达的。

另外一个问题，也采用了否定方式：

一个人要么知道问题的答案，要么不知道。

如果读者非常同意这一点，那么在评分的时候读者就不会得到很高的分，这揭示了读者对模棱两可和不确定性的厌恶。根据莫妮卡的说法，一个智慧的人对模棱两可和不确定性感到轻松。

以下一项用来测试反思维度：

有时我情绪激动，以致无法思考解决问题的方法。

同样，这里采取的也是否定方式，智慧的人不会同意这一点。

还有另外一项：

当我因某人不高兴时，我通常会试着站在对方的角度思考一段时间。

这里用的是积极的方式，一个有智慧的人肯定会同意。

这是测量慈悲维度的一项：

我讨厌那些只会自怨自艾的人。

这是一种消极情绪。智慧的人通常能够免于或者相对不受消极情绪影响。

另外一项：

别人身处困境或需要帮助与我无关。

这个问题显示出某种程度的冷漠，或者缺乏同情。

此外，笔者想强调一下，莫妮卡在这些问题上花了很多时间，没有一本教科书能提供一个真正的智慧定义和智慧测试，也没有可供运算的方程式，更没有可以客观地测量智慧的大脑扫描仪。这里使用的是一种实用的方法，通过这种方法测试智慧，就像登月一样一步一步地前进，看看取得的效果，如果有，则以此为基础逐步展开。

三、如何培养学生的智慧

假使有了智慧的定义和测量工具，如何培养学生的智慧？在很长一段时间里，教育心理学对此缄默不语。一个原因是智慧被视为一种人格特征，而人格特征——如外向的或内向的——是抗拒改变的。在这种解释下，提供任何一种改进方法让学生增加智慧都是无意义的。假如班上的学生都非常内向，那么，在一个学期内如何能让他们的性格从内向往外向发展?

在积极心理学领域，一些科学家，如克里斯托弗·彼得森(Christopher Peterson)，开始把人格特征看作品格优势。某些人比他人更擅长某些美德，譬如勇气。彼得森认为品格优势可以被利用和加强，这与亚里士多德的观点一致，亚里士多德认为美德，比如勇气，是可以随着时间而给提高的技能。莫妮卡的观点与彼得森相似，将智慧视为一种可以随着时间而被提高的品格优势。

然而，积极心理学是一个全新的领域，现在几乎没有什么方法可以提高品格优势。彼得森和他的合作者提出的最好方法是：第一识别和运用，第二向典范学习。第一种意味着，如果你想更勇敢，就去学习何谓勇敢并且去尝试。从这个意义上说，这就好比学自行车或其他技能，先确定是什么技能，然后去练习，就会越来越擅长。第二种方法是向擅长的人(典范)学习。对技能学习而言，该做法也有道理。如果你想成为一个更好的篮球运动员、剑客或举重运动员，就得要找专业人士，然后向他们学习。然而，这两种方法对想在课堂上教授智慧的人没有什么帮助。

为了更好地进行智慧教学，我们写了一个文献综述，找出了其他学者说明如何培养学生智慧，发现其中的五篇研究报告都是猜想，或借鉴经典、或研究佛僧，并试图做与我们类似的工作——尝试定义智慧、测量智慧，并提炼培养智慧的方法。通过提炼的方法进行研究有两篇文章，为了更好理解笔者和莫妮卡的教学和方法，接下来笔者会介绍这些文章。

第一个研究是由德米切利斯（DeMichelis）、法拉利（Ferrari）、罗津（Rozin）和斯特恩（Stern）发起的[①]。他们发表的文章标题是《在一个跨年级的高中文学课堂上教授智慧》，第二篇文章是由夏尔玛（Sharma）和德万根（Dewangan）撰写的，文章题目是《智慧能培养吗?》[②]。在这两篇文章中，我们都看到了上文描述过的方法论，一个定义、一种测试以及一套教学方法。笔者简要地总结一下每个研究内容。

德米切利斯等学者采用了韦伯斯特对智慧的定义，

---

① C. DeMichelis, M. Ferrari, T. Rozin, and B. Stern. “Teaching for Wisdom in an Intergenerational High-School-English Class.” *Educational Gerontology* 41, no. 8 (2015): 551-566.

② A. Sharma and R. L. Dewangen. “Can Wisdom Be Fostered: Time to Test the Model of Wisdom.” *Cogent Psychology* 41, no. 1 (2017).

其五个维度是：幽默、情绪调节、反思、对经验的开放性和极重要的生活体验。为了测量智慧，他们使用了韦伯斯特的调查表格，被试者是15名高三文学班学生和少些住在附近的退休社区人员。这些被试者每周与文学老师见面三次，每次讨论一本课外阅读的小说，时长1.5小时。这部小说生动地描述了主人公是如何处理所谓的重要的生活体验，并从中成长起来。在第一、二周，他们每周写一次反思日记，在第三周他们写了一篇自传。研究结果表明智慧没有可供测量的变化。

现在，读者应该在想：也许这是一个进步，因为他们的智慧水平没有下降。但是，对照组在哪儿？由于没有对照组，研究对象只是一个班级，所以无法得知这样的研究是否有意义。

在夏尔玛和德万根的研究中，他们对智慧的定义也是多维的，智慧维度包括了自我掌控、对生活体验的开放性、反思的态度和情绪控制以及同情。可以看到，这与韦伯斯特和莫妮卡的定义都有相似点，夏尔玛和德万根使用各种各样的工具来测量他们实验对象的智慧，其中一个是莫妮卡的三维智慧调查。至于教学方式，他们在大学里教授一门整个学期的《领导力》课程。至于教科书，他们使用了一本关于美德的书，其中每一章都是领导能力方面的案例研究，强调最近一位历史人物所体现的独特美德，如马丁·路德·金或甘地等。学生的任务就是阅读这本书，并以日记的形式记录他们的读后感想。在课程开始的几周，他们还学习了冥想并进行了练习，写下一些反思性的日记。结果与上述项目一样：没有可供测量的变化。同样，由于没有对照组，所以我们不知道结果是否改进了。

莫妮卡和笔者的研究又是如何？以上说过，我们使用的智慧定义及其调查，所以现在我们可以直奔主题。我们有三组测试组，而非仅仅一组，总共有三百零七名学生参与其中，他们完成了一整个学期的大学课程，并在学期开始和期末完成了调查。学生们被分成七个班，其中又分成对照组。一些对照组成员参加了初级《心理学导论》课程，其他的对照组成员参加的是《哲学导论》课程。使用《哲学导论》作为对照项目还是很重要的，因为哲学课堂毕竟是“爱智慧者”的地方，也许可以培养智慧。这些课程由笔者的东密歇根大学同事开设，非常感谢同事们，他们慷慨地允许我给学生做调查。

除了对照组外，剩下的被试者被分成两组，学习不同的课程。第一组——让我们称之为智慧 1 组——他们学习笔者一直开设的《人生哲学》课程，这门课有三个班，后来被笔者修改了；第二组被试者学习笔者修改了的课程，我们称之为智慧 2 组，这门课有两班。

补充一下调查信息的由来。学生在网上填好表格（学生知情并同意），提交后会获得额外学分。对学生来说，这项测试名为“态度和行为”测试。在任何课程中，智慧的概念不会出现在学习或讨论的主题中。

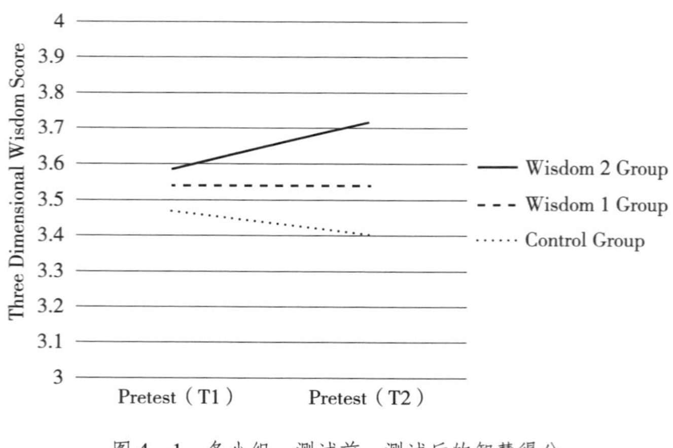

图 4—1　各小组、测试前、测试后的智慧得分

不出所料，在图 4—1 中对照组的智慧从学期初下降到期末。笔者想要说明的是，这是所有对照组课程包括《哲学导论》《心理学导论》的平均值，即便将两门

课程分开统计，下降的趋势一样。智慧 1 组没有变化。然而，在智慧 2 组中，智慧有所改善。据我们所知，这是历史以来首次取得这种成果，并已在学术期刊上进行了发表。

这些结果表明，给定一个智慧的定义，并且用一种测量工具加上相关的教学方法，经过一学期的大学课程，智慧可以得到提高。

表 4—1　各小组、学期前、学期后的智慧数据

对照组					
	T1	T2	变化（change）	变化百分比（% change）	p
认知（cognitive）	3.432	3.356	–0.076	–2.2%	.010※
反思（reflective）	3.509	3.509	0	0.0%	.997
慈悲（compassionate ）	3.467	3.346	–0.121	–3.5%	.000※
三维智慧（3D Wisdom）	3.469	3.404	–0.065	–1.9%	.003※

智慧 1 组（Wisdom 1 Group）					
	T1	T2	变化（change）	变化百分比（% change）	p
认知（cognitive）	3.486	3.413	–0.073	–2.1%	.081
反思（reflective）	3.664	3.706	0.062	1.7%	.189
慈悲（compassionate ）	3.491	3.498	0.007	0.2%	.870
三维智慧（3D Wisdom）	3.541	3.539	–0.002	–0.1%	.962

智慧 2 组（Wisdom 2 Group）					
	T1	T2	变化（change）	变化百分比（% change）	p
认知（cognitive）	3.609	3.718	0.109	3.0%	.071
反思（reflective）	3.599	3.7	0.101	2.8%	.140
慈悲（compassionate ）	3.555	3.736	0.181	5.1%	.002※
三维智慧（3D Wisdom）	3.588	3.718	0.13	3.6%	.004※

※$p < 0.05$

表4—1显示了研究的统计数据。“T1”是指“时间1”，即学期开始。“T2”是指“时间2”，即学期结束。通过表4—1，我们不仅可以看到每个小组在学期初和期末的智慧数据，还可以看到智慧维度的数字细节。※标记的数据表示达到了统计显著性。

在社会科学领域，量化数据非常重要，所以要求严格。根据皮尔逊系数（Pearson’s coefficient），数据必须达到所谓的统计显著性的阈值。表格右上角的“p”就是表示统计显著性，在心理学一般最严格的阈值标准是0.05。表格中的※标记部分，表明达到这标准的阈值。这意味着这些结果有95%的可能性不是出于随机性的巧合，而是存在因果关系。

根据表4—1，在对照组中，认知维度和慈悲维度数据都有统计显著性的下降。在智慧 1 组，由于没有变化，无法得出统计学结论，所以在表格中看不到统计显著性的标记。在智慧 2 组，能看到慈悲维度达到了统计显著性阈值，同时认知和反思维度的数据也有所提升，但在统计显著性上阈值标准还差一点。如果有更多的学生的话，或许能达到阈值标准。

以上是关于这个研究所需要说明的事项。研究结果表明，如果确实能定义、测量智慧以及以某种能统计测量学生的变化方式教授智慧，那么有可能增加学生的智慧。

四、培养智慧的一般方法

现在，笔者将通过文献综述，回顾学者们在培养学生智慧中业已取得的成果。其中，有五篇学术文章研究得相当全面。在这里暂且不总结每篇的内容，而是提炼他们普遍运用的方法，并将其介绍给读者。

首先，我们简单地概述一下。第一篇文章来自哲学家安迪·诺曼（Andy Norman），他写了一篇论文关于如何借助苏格拉底的灵感来培养学生的智慧①。显然，这是有道理的，因为苏格拉底是西方公认的最早的“爱智慧者”。通过柏拉图的著作，我们能看到苏格拉底的教学方法。

第二篇文章由卡罗琳·巴塞特（Caroline Bassett）撰写，标题为《培养智慧的十种建议》②。她拥有高等教育博士学位，是智慧方面的顾问，经常开设小社群相关课程来培养智慧。

第三篇文章就是上文提及的德米切利斯、法拉利、罗津和斯特恩的文章，主张以叙事和反思日记来培养智慧。

第四篇文章来自海蒂·莱维特（Heidi Levitt），他是一位曾在印度研究佛僧的心理医生。读者或许知道，佛教的宗旨之一就是让人成为智者。梵文中的“智慧”一词是 prajñā，有一组佛经称为 prajñāpāramitā——《般

① Andrew P. Norman. “Teaching Wisdom.” In *Knowledge, Teaching and Wisdom,* ed. Keith B. Lehrer, Jeannie Lum, Beverly A. Slichta, and Nicholas D. Smith, 253-266. New York: Springer, 1996.

② Caroline L. Basset. *Wisdom in Three Acts: Using Transformative Learning to Teach for Wisdom*. East Lansing, MI: The Michigan Center for Career and Technical Education, 2005.

若经》，旨在传授智慧。所以通过研究佛僧如何在僧团中培养智慧是可行的。①

第五篇文章的作者是罗伯特·斯特恩伯格（Robert Sternberg），他可能是研究智慧中最有名的教育心理学家，他有很多关于如何培养智慧的文章——通常是针对中学生。在这个年纪好像最适合开始培养智慧。据笔者所知，在他的研究成果中，他未尝试过数据化测量，至少他尚未发表过任何关于这方面的文章。②

通过这五篇文章，我们就可以将培养学生智慧的五种主要方法提炼出来。第一，挑战信念（challenge beliefs）。我们都有某种信仰，当这些信念受到质疑时，比如当遇到痛苦的事情时，我们会开始思考这些信念，并可能重新确定优先顺序。这与莫妮卡所讨论的智慧概念看起来很契合，在莫妮卡的概念中，智慧的人对这个世界会有一个更广阔的视野，会对不确定性更为宽容。如果有人拗于自己的信念，他就把自己局限在一个狭隘的

---

① Heidi M. Levitt. "The Development of Wisdom: An Analysis of Tibetan Buddhist Experience." *Journal of Humanistic Psychology* 39, no. 2 (1999): 86-105.

② Robert J. Sternberg. "A Balance Theory of Wisdom." *Review of General Psychology* 2, no. 4 (1998): 347-365.

世界观中。

刚才提到安迪·诺曼（Andy Norman）的文章讨论了苏格拉底式的提问，苏格拉底被称为牛虻，他擅长用问题来质问对话者进而挑战他们的信仰。根据诺曼的说法，在这种方法中，学生被认为是学习的行动者，而不是被动的信息接受者。学生进行积极主动的自我思考，并在学习过程中不断地改变。此外，教师不是信息的提供者，而是帮助学生成长的引导者。所以，学生们不再仅仅是获取知识，而是开始认识到世界如何运作，如何更深刻地理解自己所处的世界。

除了提问的方法之外，作为老师还能怎么做？有一种方法被称为“迷路的困境”，在这种情景中，学生们模拟认知失调。如果读过苏格拉底的书，那么可能知道苏格拉底的置疑法，在苏格拉底吸引人们的兴趣，并向他们提出一个接一个的问题之后，听者经历了一种完全迷失的状态。首先，他们声称他们所认为的是明显正确的，但苏格拉底反驳这是错误的；然后，听者调整并提出另一个见解；苏格拉底再次进行反驳，直到他们再也提不出合理的论述，最后呆若木鸡。这就是苏格拉底的置疑法。这些作者（上述五位作者）都认为，类似的困惑感是智慧发展过程中的一个重要组成部分。

试想一下，上完一个小时的大学课程后，比刚开始上课更让人困惑。或许，你会认为你的老师很差劲，因为教师的任务是使事情更清晰条理，更容易理解，而不是让学生感到困惑。但是，这些作者认为培养智慧需要给学生带来困惑。据莱维特（Levitt）说，佛门经师故意给学生不完整甚至错误的答案，让他们困惑。错误的答案通常是坏老师的标志，但对智慧传授而言，情况有时正好相反。

第二，促进价值观的表达（prompt the articulation of values）。这里的“表达”是指能够识别、说出或写下具体的价值观。很多学生没有这样的能力，他们不知道如何用清晰的语言表达对他们来说重要的事情。这些作者认为，培养这种能力是迈向智慧的一种方式。

如何促进价值的表达？一个方法是让学生练习说出对他们来说很重要的价值，给出定义并去证明合理性、权衡彼此间的优先性以及衡量这些价值与社会价值的不同。可以通过与老师的对话、学生之间的交谈以及尝试写作日记。这五篇文章就如何表达价值达成了一致。

第三，自我反思（self-reflection）。莫妮卡的智慧定义有三个维度，反思维度是其中之一。如何鼓励自我反思？自我反思是指学生根据自己的价值观来评价自己过去的态度和行为。当有人说“我的生活中，第一重要的是……第二……第三……”，这就是价值观，这时就可以问问自己，自己所作所为是否符合价值观要求。如上述，这可以通过与老师对话、与其他学生交谈或日记写作来完成。

第四，鼓励自我发展（encourage self-development）。笔者认为这是最重要的方面之一，需要着重强调。在伦理学课堂上，学生们通过学习理论从而判断好的和坏的行为，但很少有伦理学课程试图让学生成为更好的人或要求学生自我发展。我怎样才能让自己变得更好？这可以在智慧课程中得以实现，学生不再是被动的，相反他们不仅在理论认知上努力提升自己，而且为了成为更好的人将用实践证明自己。

为了鼓励自我发展，教师让学生尝试改善他们的态度和行为，例如接受不确定性、换位思考、培养美德和减少自我中心。这些文章并没有提供如何自我发展的细节。不过，这可以谅解。因为在西方这个领域相对空白，我们没有保留或延续自我发展这种优良传统，这与佛教和儒学截然不同。但这些作者建议我们可以接着考虑他人的观点，并积极帮助他人成为更好的人。

第五，培养道德情感（groom the moral emotions）。在大学课程中，我们通常看到的是强调认知训练，而这里强调的是培养道德情感。培养道德情感将会提升慈悲维度。

根据这些作者的说法，价值观不仅仅是一种智力，还包含了一种情感成分，需要特定的发展方法。为了让其得到发展，可以借助某些场景，通过激发同情之感，进而考虑别人的观点感受。另一种培养道德情感的方法是练习，比如感激和同情，两者包含了对道德情感的思考。如果读者接触过积极心理学，或者是关于自我提升的资料书，应该对所谓的感恩练习见怪不怪。在这个练习中，你去感恩那些曾帮助过你的人。培养道德情感可以是思考认知，也可以是实践行为，如向身边的人表达感激之情。上次是什么时候打电话感谢母亲：“妈妈，谢谢你，感谢你为我做的一切。”理论上我们感恩越多，就越觉得自己与他人息息相关，就越不认为他们所做的是理所当然的。通过这种感恩，我们能够欣赏他人并建立更牢固的关系。另外，这些作者提到的练习除了认知或感恩之外，还有道歉。如果过去曾冒犯过别人，那么向他道歉可以帮助建立关系，培养健康的道德情感。

以上列举文章所说的培养学生智慧的五种方法。它们基于两种基本方法，其一是阅读经典文本，其二是创建一种探究社群（a community of inquiry）。接下来笔者会详细介绍一下这两个方法。

关于阅读文本，文章讨论了两种不同的类别。一种是叙事（narratives）——故事（stories）——它倾向于激发道德想象力。根据笔者的观点，叙事培养了道德情感的敏感性，并促进换位思考。叙事可以有效地让我们摆脱自己，进入别人的观点。另一种文本是说教性或思考性文本，就像大多数哲学文本一样，这些哲学思想提供生命原则以及探索事物之间互相联系的基本框架。

一般来说，在哲学文本中，哲学家说服读者以正确的方式去思考、去看待美德和行动以及理解世界。因而在教授哲学课时，教师不必采纳作者的观点，相反就其中的观念和论点在课堂上进行对话，老师可以问学生是否重视这个或那个价值，或同意这个或那个主张。老师还可以把它当作说明如何全面理解世界以及如何行动的例子。

根据作者们的说法，这两种文本都提供了一定的词汇——一些复杂的观念，借此得以思考、命名和讨论世界观和价值观。毕竟，我们用语言来表达对世界上种种概念的理解。因此，经典的文本提供了一种更加微妙的方式让学生们看待世界，以便他们能够对自己的价值观和信念做出干练的、细微的区分。

上述五种方法建立在培养探究社群的基础之上。在长达二十年的教学生涯中，笔者觉得在许多大学教室里，学生感到孤立无援。他们为了追求个人目标，通常是一个人来到教室听课，做笔记，然后再去下一堂课。作者们告诉我们，如果要在团队环境里培养智慧，最好的方法是大家彼此协助。“我努力变得更好，如果你也是，那么让我们互相学习一起努力。”在这种情境下，学生能完全投入学习当中。他们不仅会觉得与他人同心协力完成一件事情很有意义，而且对自己的生活更是意义重大。一个学生可以说：“我尝试了 A，但不起作用。”另一个学生可以说：“我尝试了 B，管用。我来详细告诉你吧。”通过这种方式，他们可以一起成长。

在上文中，笔者提到将智慧视为一种可以培养的技能。现在，我们看到了智慧确实是一系列技能，以及培养这些不同技能的不同方法。通过表 4—2，笔者和莫妮卡试图展示方法和技能之间的具有何种因果关系。但这只是一个初版的数据表，需要更多的思考和调查来确定不同的方法如何培养不同的能力。

表 4—2　可能的因果关系，从一般方法到技能

前人所述一般培养智慧的教学方法		前人所述被训练能力
A. 挑战信念	→	1. 思考问题的复杂因素和微妙因素
B. 促进价值观的表达	→	2. 从精细的道德体系看待问题
C. 自我反思	→	3. 将自身经验与道德、理智和物质愿望之间建立相关联系
D. 鼓励自我发展	→	4. 看出自身的缺点并努力去纠正
E. 培养道德情感	→	5. 对他人观点持有同情心

五、智慧培养的具体方法

现在，对于如何在课堂上培养智慧的一般方法，读者应该有了初步理解。接下来，笔者将描述在“智慧 2 组”课程中使用的具体方法。可以进一步思考，这些方法的可信度，其中哪些可以被淘汰或改进，以及是否还

有其他更有效的方法。

在“智慧 2 组”课程中，笔者给学生阅读了古书，运用了引导性的课堂讨论、引发困惑的伦理虚拟二难推理，以及两种日记（阅读反思日记和积极反思日记），还让学生写自己的人生哲学。笔者将依次解释这些内容。

最初的分歧之一是如何选择文本作为教材。培养学生智慧的最佳教材是什么？即便是经典作品，也有成百上千种之多，该如何选择？上述描述的一般方法，如何在课堂和学生练习中进行具体应用？

当笔者设立这门课程时，笔者选择了一些代表世界主流文化传统的课本。第一本是马可·奥勒留（Marcus Aurelius）的《沉思录》。大约两千年前，在基督教流行之前，斯多葛主义（Stoicism）是欧洲最流行的哲学 / 宗教，马可·奥勒留就是一位斯多葛学派哲学家。虽然他不是斯多葛主义的创立者，但《沉思录》是对斯多葛主义哲学的伟大总结。基督教传入欧洲后，斯多葛主义并没有完全消亡，由于斯多葛主义的文本和思想是拉丁语教学的核心部分，拉丁语一直被用于教学，所以直到 20 世纪，学生们都在阅读斯多葛主义。因此，尽管基督教在欧洲哲学中占主导地位，但斯多葛主义始终存在于欧洲文化中，在重要的方面影响着思想家。《沉思录》很受欢迎，可以说是欧洲哲学传统的畅销书。

中国哲学传统的畅销书之一是《论语》。因此，笔者选择这个文本。

对于佛教，笔者选了《法句经》，因为它是南传上座部佛教哲学代表之作。《法句经》文字明了，但理论性不强，为了弥补这一缺憾，笔者补充了一些非常简短的、有针对性的佛经。

"智慧1组"和"智慧2组"课程的一个主要区别是，"智慧1组"有第四种阅读文本——基督教的《福音书》。虽然没把它放在"智慧2组"中，但不能认为删除《福音书》是智慧分数上升的原因。笔者目的是为剩下的文本留出更多的时间，认为删除这四个文本中的任何一个都不影响。但是，只有更多的测试才能知道确切答案。

在"智慧2组"课程中，我们研究了这三种文本，我们从每一种文本中提炼出一种独特的人生哲学，标题如下：

形而上学。什么是世界上的真实存在？存在天堂、灵魂吗？世界的基本成分是什么？这些东西从何而来？

社会/政治哲学。社会如何组织最好？我们应该如何相处？

心理学。人类思维由何构成？它的不同组成部分又是什么？会一直持续下去吗？可以得到改进吗？如果可以，又如何改进？

伦理学。如何了解并施行善行为而避免恶行为？

美学。生命中什么是最美的？艺术在生活中的作用是什么？

自我修养。在我看来，这是这门课程最重要的部分之一。一个人如何才能提高自己，以实现所持有的人生价值观和信念？

在课堂上，我们花了大部分时间讨论上面的价值观和信念，并逐步为每一个文本提炼出一个相关的人生哲学。每次上课之前，学生们都会进行初次的尝试，在作业阅读中挑出单独的价值观念。然后在课堂上，大家进一步把这些观念提炼出来。每一个人要质问自己这些观念是否有道理？是否可以或者应该珍视价值X？是否应该相信并且实践信念Y？我们还试着找出每一种哲学中的矛盾，并且随着课程的展开，将当前正在学习的哲学的思想与已经学习过的进行比较。对学生来说，所有这些都非常具有挑战性，很容易看到他们在认知、表达、提炼和讨论复杂思想方面的能力，在逐步磨炼并得到发展。

到了期末，学生已经三次从经典文本中提炼了出书中的人生哲学，这时候就应该去创造自己的人生哲学了。学生必须问自己：我的形而上学信念是什么？我认为社会应该如何组织？关于人类思维我有何看法？如何成为一个更好的人，我的信念是什么？既然接触了各种自我修养的方法，那么在生活中我应该采用哪些方法？能否将观念进行组合并且不会产生任何矛盾？

再举一个他们可能遇到的矛盾例子，这经常在笔者所教的班级中发生。“每件事都有原因”[①]这句话肯定很多人都听过，甚至时常挂在嘴边。通常发生坏事时，人

① “每件事都有原因”，这里的“原因”（reason）不是因果意义上的原因，而是侧重目的性，暗含着上帝的目的或宇宙本身的目的，类似于汉语语境中的“老天自有安排”。

们会说这一句话，比如发生意外或丢了钱包、手机，这么想会让自己好过点。这是一种命运的信念，当坏的事情发生时，好的事情也会随之发生（跟佛教的“凡是皆有因”有所不同）。因此，这是一种形而上学的信念——命运，命运基本上是美好的，最终让世界上的善大于恶。在西方，这是常见的信念，也是斯多葛学派的信念。

当笔者向阅读马可·奥勒留著作的学生介绍命运的概念时，许多学生点头赞同，表明他们持有相同的信仰。现在，让我们假设一下，你心爱的狗跑到街上被车撞了，甚至司机看到狗了，但故意不停车。在这种情况下，我们可以说一切发生都是有好的原因吗？这很难，因为这个人作为行动者，有自由选择的能力。如果问学生是否相信自由意志，答案是肯定的。但这两种观念——自由意志和命运——并不能相互契合。所以在课堂上我们讨论这个问题，两者是否可能和解？在学期末，如果有学生仍然持有这两种信念，他们必须亲自解决这个问题，或者至少承认这是一个问题。

在笔者教学生每一种生命哲学时，关注十个左右具体的哲学术语——这些术语来自每个原始文本。《沉思录》中是 logos、physis、phantasia 等。前两种是形而上学概念，第三种是心理概念。如上所述，语言代表着思维概念。通过这些关键术语，向学生们展示了价值观是怎样被表达出来的。首先，他们将概念附加到世界上，例如，马可·奥勒留相信"logos"，我相信"logos"吗？我是否相信宇宙存在基本的秩序伦理元素？或者宇宙含有随机的组成元素？在开始时，学生能够凭直觉模糊地理解这些概念，但不会用语言表达或进行相关的逻辑推理。通过学习这些概念，学生可以有一个更全面的方法来理解和概念化世界。

这些课堂上的概念或者来自于古代的西方世界，或者来自完全不同的文化，学生可能从未接触过这些概念。例如，在《论语》课堂中，笔者介绍了"仁""礼""君子"等概念，这些概念都含有政治、伦理思想，同时也与人性和自我修养有关。当学生在思考人如何变得更好时，作为一种完全不同的文化的思想，"君子"的思想可能会突然进入他们的语言体系中，成为他们所信仰和重视的观念，甚至他们会认为自己应该成为一位君子。

在佛教单元的教学中，笔者选取了若干观念，其中有 dukkha（苦）、冥想、五蕴。苦并非完全是一个心理概念，冥想是自我修养的一个很好的例子，五蕴是一个形而上学的概念。

笔者相信，以这种方式引入关键术语有助于学生表达价值观，并对世界有更广泛的认识，这就是智慧的认知维度。此外，也有道德观念，这有助于提高反思维度、甚至是慈悲维度。

借助文本的关键术语，让学生逐步构建书中的人生哲学。这个过程离不开探究社群。在此之前，学生在家里努力去弄清楚和理解这些概念，然后在课堂大家一起协作探究。

整个学期的大部分时间都花在讨论文本上。但有的时候，也会以另外一种培养探究社群的方式，并引发他们的困惑。在每一哲学家的单元中，笔者用两个课时来讨论“神秘问题”（mystery questions），整个学期会有六个这样的课时。之所以称之为神秘问题，因为学生刚进入教室时，只知道将会讨论一个极大的难题，但不知道接下来会发生什么。

下面这个例子就是神秘问题之一，较为复杂而且文字表述较长。

> 你和一个朋友在废弃的矿井深处探险，当你们抵达矿井的地室休息时，另外两个探险者进入了。其中一个人想探索一条侧隧道，你的朋友也跟着去了。当你和另一个陌生人休息时，外面的山洞突然崩塌。房间里有个旧电话机，通过电话你们得知整个矿井都是密封的，在30个小时后，空气洞才会被钻开。在书桌抽屉里，陌生人发现了少量安眠药和一把装好子弹的枪。你们得知如果都服用安眠药，氧气只能维持20小时。此时，电话突然中断。两个人中或许只能有一个人能够活下去。陌生人拿起安眠药，吃了一半，说："让命运掌握在上帝手中。"然后昏睡了过去。你会射杀他来救你自己吗？

这个问题有点复杂，但值得读者去思考。现在，我们将讨论一个较为简单的例子。假设你已经订婚了，有一天，你的未婚夫（妻）出了事故，腰部以下瘫痪了。你还会继续和他（她）结婚吗？

这次的神秘问题就这么简单。这些问题要么回答"是"，要么回答"否"。这就给问题提供了可处理性和确定性。其中也具有感情因素和个人因素。"你"会怎么做？“你”能扣动扳机吗？“你”会抛弃你所爱的人吗？

在某种程度上，回答很容易，就是二选一，但选择的过程很难。每个问题都促使学生思考与自己生活相关的事情，或许他们认识经历过类似事情的人，或许他们认识一个瘫痪的人，或许他们认识一些离婚或分居的人，通过反思自己生活中的事件，学生得以体验这些困境。还记得笔者说过让学生通过探访急诊室等方式体验创伤性吗？这是实现这一目的的另一种方式。

在课堂上，这些问题不是随机展开的。表 4—3 是笔者用于指导讨论的框架。笔者把班级分成若干小组，每个小组三到五人（他们很快就学会了自行搭配），然后给每个小组分发一份表格。学生轮流担任记录员，在表格上记录要点。

表 4—3 顶部是一个选项。在正式开始之前，学生需简单回答“是”或“否”。假设在“我会和瘫痪的未婚夫（妻）结婚吗?”这个问题上，小组中有一个人说“不”，两个人说“是”，还有一个人说“也许”。按照小组人员持不同意见的数量，记录员在相应的空白处写下数字，经过统计，这一组的数据是“1，2，1”。学生们知道了各自的立场，就可以快速地进行复杂讨论，回答

完“是”“否”“也许”，然后开始陈述原因。

表 4—3　关于神秘问题的表格

Mystery Question

Question name:

A. Initial Poll The number of people who decided each way prior to discussion: Yes ____ No ____ Maybe ____

B. Reasons for and against (in brief, i.e. pros and cons):

For	Against	Values/Beliefs	Other Considerations

D. Final Poll The number of people who decided each way after the discussion: Yes ____ No ____ Maybe ____

E. Progress How much progress was made in the discussion?
Thumbs Up (examined the issue deeply and from many angles) ____
Thumbs Sideways (examined the issue pretty well but had some difficulties) ____
Thumbs Down (really weren't able to get at this issue well) ____

第 1 列是供记录员写下小组的赞同理由，他们为什么愿意这么做？第 2 列是表示“否”的原因，他们为什么不愿意这么做？这两者都可以很快地填好。持肯定回答的一个原因可能是，“我爱这个人”或“我向这个人作出了承诺”或“这个人需要我”。持否定回答的原因可能是“这将彻底改变我的人生”，或“我无法处理这件事”或“这个人不再和从前一样”。

在这期间，主要是学生自己参与，笔者不进行干涉。唯一做的，就是查看小组进展是否顺利，或者看看他们在语言表达方面是否需要帮助。

对于学生来说，填写第 3 列会变得困难一些。在第 3 列中，学生应该写下支持第 1 列和第 2 列意见的价值或信念。对于写下“是”的学生来说，他们可能会写下“真诚”作为仍然继续和他（她）结婚的价值。对于写下“否”的学生来说，不继续的价值可能是个人的幸福。也许这两个学生都看重真诚和个人幸福，但现在他们发现第一个学生把真诚放在首位，第二个学生则相反。第二个学生之所以这样或许是因为他 / 她有一种形而上学的信仰，认为在事故之后未婚夫（妻）已不再是之前的人。因此，学生们面临着挑战，需要去平衡不同的价值观。这不仅是学生之间的辩论，也是每个学生内部的辩论，每个学生都必须协调自身的内部冲突，并确定首要价值。回顾莫妮卡的智慧观，她的三维智慧维度要求学生打开视野，思考个人的观点，同时也思考这些观点如何影响他人，并思考这些概念的细微差别，三维智慧维度代表了高层次的思考。

第 4 列也很重要。在这一栏中，与前三列内容相关但不适合填进去的内容都可以在此填写。例如，一个学生可能会问在这种情况下，腰部以下瘫痪可否发生性行为或者怀孕？由于他们不知道怎么回答，所以在此记下的问题将会非常重要。这能够让他们自己想象困境，并设立不同的场景。例如，不是瘫痪的未婚夫（妻），而是配偶、父母、朋友或孩子呢？在每一种情况下，人伦关系会产生什么样的改变？如果你在第一个场景下选择抛弃他/她，那么在这个场景中，还会吗？这就留下足够的空间去测试学生的想法。

这个表格学生基本能在20到30分钟内填满。下一步是让每个小组的学生进行第二次投票。选择“是”还是“否”？第一次选择人数是1∶2∶1，也许第二次选择是2∶2∶0，开始选择“也许”的人可能被说服了，会继续结婚。由于不必承担风险，学生们可以毫不犹豫地改变答案。通过互相学习，学生能认识到真诚而细致的对话能够改变他们的思想。这是建立探究社群的意义所在。

通过这些对话，学生们逐渐意识到一些非常重要的事情，即他们会在非常复杂的问题上产生分歧。肯定会有学生认为其他某位同学（因为外表、穿着，或肤浅的认识）跟他（她）很像，然后经过对神秘问题的讨论才体验到对方有完全不同的答案和颠倒的优先选择。或者一个背景或外表完全不同的学生可能有类似的优先选择和深刻的理由。学生深刻领悟到流于表面的判断是非常不准确的。

在一般伦理学课上，学生往往面临着道德困境，遇到社会热点问题时，学生往往会有不同的政治立场，有使他们不愿意屈从或考虑对立的观点。这节课的讨论与之不同，学生不会有危机感。学生不需要站队，除此之外也没有现成的答案，所以可以看到他们是在完全思考问题本身。

表格的最底部是一个投票，表明这次讨论的质量问题。学生必须很快作出集体决定，表明在这次讨论中是否取得了进展。有三种答案：第一，赞同（thumbs up），这表示这是一次非常好的谈话，这意味着对话中他们能够真正地明白并以有意义的方式讨论问题，而没有偏离话题。第二，还行（thumbs sideways）这表明相当好，只是在某些问题上不知道如何处理。第三，差劲（thumbs down），根本没理解问题或者偏离了方向。第三种情况很少发生，但如果发生了，也是一个学习的好机会，因为他们可以思考这次讨论的问题所在，以及与之前的有哪些差距。

在20到30分钟内，每组会独立完成表格，然后笔者将表格的标题写到黑板上，让全班学生从头开始讨论。从第一次投票开始，然后跳到“支持”“反对”“价值和信念”这几栏。至此，学生们已经充满信心愿意在全班面前表达自己的看法，并说明原因及回答同学的疑问。

当让整个班级做这份表格时，气氛非常热烈。事实上，这样的效果会更好，因为我比学生更擅长提出问题、找到关键和进行挑战。作为老师，我已经从事这一行几十年。所以在一起讨论时，学生出现了各种各样的表情——耸耸眉毛、耸耸肩、抓抓头、点点头、睁睁眼睛、笑声。假如一个学生说：“我相信个人幸福。”我就可以说：“这种相信到了什么程度？在什么情况下，你的个人幸福会被你所持有的另一种价值，如爱、爱国主义、诚实等所取代？为了个人幸福而去抢劫商店，你愿意做吗？假如你想要亲吻一个女孩，你就直接上前接吻吗？”实际上，换做任何一种美德，类似挑战都是可行的，因此学生会不断地面临挑战，以重新评估和重新确定其价值。信念的问题也是一样，比如之前提到的自由意志和命运问题。

上面提到过培养智慧的一般方法之一，是老师应该成为学生的典范。在以上的情况下，笔者示范如何以有意义的方式思考复杂问题。在第二次投票开始时，第一次投票可能会再次发生变化，这就表明，讨论品质越好学生越可以取得进步。

最后，学生们疲惫地离开了课堂。他们花了一个小时十五分钟认真地思考这些重大的、具有激烈感情的问题，没有做其他任何事情。然而，他们的课后讨论其实并没有真正结束，就像笔者以前在周五晚上与朋友闲聊哲学那样，他们还会去问他们的家人和朋友这些问题。换他们作为哲学讨论的典范了。这种方法没有直接告诉他们怎么去做，而是让学生在课堂外去做哲学思考。

不过，倒是提示过他们也做其他的事情。以上笔者说过“智慧 2 组”课程和“智慧 1 组”课程的区别在于，没有向“智慧 2 组”提供《福音书》。第二个不同点是笔者放弃了所有的考试和正式写作。相反，我让他们做了很多的非正式写作。

这是笔者第一次作出这种改变，之前从未采取过如此冒险的方法。当第一次开始教这门课时，笔者为每个单元设置了一篇正式论文。后来，变成了考试。虽然笔者对放弃正规的评估方法，也曾产生过疑问，但是在和莫妮卡交流之后，还是决定尝试一次。令人吃惊的是，学生们写的内容比让他们写正式论文还要多的多。当然，数量不等于质量，但质量确实比之前更好。说明如下。

在“智慧 2 组”课程中，笔者布置了三种不同类型的日记，为的是以不同的方式帮助学生。第一种是阅读反思日记（ reading reflection journal），在每节课之前，给他们布置一个特别的阅读任务比如《沉思录》的两章内容。他们必须将文本中的一个核心价值或信念孤立出来，根据上下文给出定义（这可能非常困难，因为课堂上的文本不是系统性的），然后解释这个观念是如何在自己的生活中产生联系的（或以别的方式讨论它与他们的生活相关或可能相关）。

假设他们正在阅读《论语》，并决定关注“仁”这个概念。在《论语》中，孔门弟子多次向孔子请教“仁”，孔子通常避免直接的回答。但是，学生可以通过仔细阅读得出“仁”的定义。然后他们可以问自己，“我是一个‘仁’人吗?”或者“我认识‘仁’人吗?”或者“在现实生活中，一个‘仁’人到底是什么样子?”

允许学生选择自己关注的观念，理想情况下，他们会找到一个与自己相关或不赞同的内容，这样建立在自己的兴趣之上就有很多东西可以写。

每周有两节课，四周一个单元，所以学生在一个单元里写六次阅读反思日记（减去两天的神秘问题课程——这既是同学们喜欢这两天的另外一个原因），整个学期共写十八次阅读反思日记。

另外两种日记分别是自我反思日记和经验反思日记。这将在第二节课后和下一周的第一节课之前完成，留给学生整整四天。对于自我反思日记来说，学生要选在课堂上讨论过课文中的价值或信念，并将其完全应用到自己的生活中。首先，和阅读反思日记一样，根据文本找出定义，然后思考这个定义与他们自己的过去、现在和未来的相关性。假设选择“仁”，学生可能会想起六年级的某个老师。学生可以描述老师是如何之“仁”，将老师的行为与给出的定义相匹配，也可以讨论这个老师在他们生命中的意义。接下来，还可以思考他们目前的生活中是否有“仁”人，或者学生自己是“仁”人。最后，学生思考未来如何做才能成为更“仁”之人。

再强调一次，学生自己选择练习的内容。在每周最后一节课的最后几分钟里，我们集体进行头脑风暴(brainstorm)，共同想出练习题作为课后作业。下课后，笔者会用一种更正式、更精练的方式将它们写下来，发到课程网站上，学生从菜单中选择或创建自己的内容。习题如何呢？

马可·奥勒留的《沉思录》第一册很简单却很吸引人。在书中，马可·奥勒留毫无保留地将他从别人身上学到的一切公之于众。你能做到吗？你能从那些抚养、影响你的人身上，将所学到的关于如何成为一位好的、正直的人，写上十页吗？马可·奥勒留做到了。以下是基于《沉思录》的一个习题。

> 针对马可·奥勒留《沉思录》的第一章，我将进一步分析这一文本，以了解他如何向别人学习，同时我会回顾自身，从别人身上我学到了什么，我也会展望未来，思考如何继续向他人学习。

在这个练习中，学生将用单倍行距写一页的文字，可能会更多。由于是在网上操作，他们看不到在标准纸张下会写多少。这些作业很难半途而废，所以我的评分标准是通过或不通过。

孔子非常重视“礼”。在课堂上，我们讨论了“礼”在家庭关系中的重要性。下面是关于“礼”的习题。

> 孔子非常重视“礼”，在课堂上，我们讨论了“礼”在家庭关系中的重要性。我会反省“礼”在我自己家庭中，有什么样的传统？有什么样的礼仪？庆祝什么样的节日？最后这些不同形式的“礼”对我们有什么作用？对于建立和维持一个和谐的家庭，“礼”有多重要？

以下是佛教单元的习题：

> 根据佛陀的说法，我们对情况的反应是有条件的，这意味着它们是以习惯的方式发生的，即无意识的、自发的。在这种自我反思的练习中，我将想起在我生命中的两次经历，我明显表现得随性和盲目。如何解释这种情况？我可以或应该怎样改变？

顺便再说一下，设计这些习题不是笔者而是学生。譬如，就上面的习题而言，一位学生回想到我们之前的课堂讨论，我们讨论了佛教如何看待人类负面行为的起源问题，学生就想出了一个分析自己负面行为的好思路。

利用连续的这几天，学生可以同时完成经验反思和自我反思两个日记。与之前一样，学生选择一种在课堂上已经讨论过的价值观或信念，并从语境中给出定义。然后，思考未来几天要做的事情，这些事情将帮助学生更好地理解这个概念，或者帮助他们培养它（如果是一个恶习的话，那就将其祛除）。两三天之后，学生写一种日记。学生先描述他们所做的事情，然后解释从中学到的内容，关于概念本身或者关于他们自己。最后，他们陈述经过思考将来会（或不会）改变自己生活或生活中的哪些方面。

下面是《沉思录》经验日记的一部分：

马可·奥勒留讨论了在各种情况下人应该如何控制对他人的反应。在接下来的三天里，我将观察我对意外情况的第一反应（如结识一个新朋友或发现一些新闻），每天结束时，我将审视我之所思、所感和所为。在这三天结束时，我会思考我自己对意外情况的反应，以及将来我如何才能做得更好。

经验日记一定要出去实践。学生需要花费几天完成。在第一天中，他们可能会告诫自己：当新的事情发生时，注意自己的情绪。这一天结束后，他们必须陈述所做的行为，以及所经历的事情。在第三部分，他们必须说明从中学到的内容，以及将来可能如何改进自身。这是一种价值观的表达过程，表明了学生在了解自己，以及思考如何成为一个更好的人。

下面这个经验日记来自孔子单元：

孔子在讨论礼时，经常谈及人的表情和外貌，以及人们是如何通过它们表达内心情感的，特别是对他人的崇敬之情。在接下来的两天里，我会给安排一些任务，尽量不表达任何外在的情绪，观察别人的反应。每次做完后，我都会马上解释我的行为，以免人们产生误解。在这两天结束之时，我将思考这些不同的经历，并思考情感表达在人与人的日常关系中，以及在建立和维持长期关系中的作用。

以下来自佛经单元：

佛陀在《念处经》（或其他经文）中描述了修行的五大障碍。在这个练习中，我将尝试在未来三天内消除我人生道路上的这些障碍。每天结束时，我会总结我的进展。在这三天结束后，我将评估我所作所为，以及消除这些在我自己的人生道路上障碍的价值。

下面的表4—4和之前的表4—2很相似，不过在表4—4中没有箭头。笔者故意没有画箭头，这样读者就可以自己去找两者的对应关系。让我们先把注意力返回到表4—1。在智慧的三个维度中，我们看到只有慈悲维度的变化有统计显明性。现在我们可以思考，智慧2组课程中使用的不同教学方法，哪些方法可能是导致慈悲维度数据升高的原因呢？另外，哪些方法导致了其他两个维度没有下降甚至上升？我们定义了智慧并且给出了测量标准。那么用什么具体的方法来培养智慧？笔者已经向读者展示了和莫妮卡在这项研究中是如何做到的。现在是检查结果并继续推进研究的时候了。

表 4—4　可能的因果关系，从具体方法到技能

具体教学方法	被训练技能
A. 阅读古典文本	1. 思考问题的复杂因素和微妙因素
B. 指导性的班级讨论	2. 从精细的道德体系看待问题
C. 具有激烈感情的道德困境	3. 看到自身的缺点并努力去纠正
D. 阅读反思日记	4. 将自身经验与道德、理智和物质愿望之间建立相关联系
E. 经验反思日记	
F. 写下自己的人生哲学	5. 对他人观点怀有同情

六、小结

笔者和莫妮卡真的测量了学生的智慧吗？学生的智慧水平真的提高了吗？学生在课程结束时要比学期伊始更有智慧吗？如果是，那么，这种智慧持续了多久？

虽然这些问题都很难作答，但是最后一个问题可以直接回答。笔者和莫妮卡对那些智慧水平有所提高的学生进行了跟踪调查。一年后，笔者给他们发送了同样的调查问卷，并要求他们再次填写。印象深刻的是，他们的智慧水平——在学期末已达到的更高水平——保持不变。智慧水平并没有降低。这意味着在课堂上增长的智慧可以持续很久。

这一切是否真的涉及智慧要取决于读者自己。笔者认为是的，现试着简单地说服读者。许多学校教授“经典”书籍，无论是哲学还是文学，这样做的目的似乎是提高学生对生活复杂性的认识能力、开阔学生的视野，并唤起他们内在的对他人的同情。这些难道不是对智慧的定义吗？笔者以为，几千年来，教育者一直致力于培养学生的智慧。只是现在我们可以用量化的方式来测量成果。

笔者和莫妮卡的研究也表明，一些培养智慧的方法比其他方法更有效。仅教授学生课本知识似乎是不够的，重要的是如何教授，学生如何参与他们自己的教育，以及如何引导他们解决在课文中遇到的复杂问题。在理解课文时不能任由他们单独摸索自己下结论，也不能简单地给他们一个标准答案。他们必须接受挑战，在写作中反思课文中的概念，在生活中将这些价值观付诸实践，并结合自己的过去和未来反思这些概念。换言之，这些概念必须从书本中剥离出来，且在我们现实世界中复活。

当读者再读《论语》时，一是要注意孔子极少地直接回答他的弟子，孔子这样做会促使其弟子独立思考。此外，当不同的弟子问孔子同样的问题，孔子会给出不同的答案。这说明他们所讨论问题主题的复杂性，也说明了面临不同的情况需做出相应的反应。对他们来说，不存在唯一的道德准则。二是要注意孔子及其弟子如何重视日常反思，对于学习而言，仅学习一次是远远不够的，学习必须根据自己的实际情况加以反思、实践，再实践、再反思。三是还要注意孔子及其弟子在探究社群里经常相互学习。

难怪孔子被认为是至圣先师，我们需要向孔子及古代伟大思想家学习的太多。让我们昂首向前、共同进步！

结　语

前几天我在听一首歌，歌词内容是歌手讲他最近过的一个生日以及他的朋友们如何评论他变老了——好像这是件坏事似的。这位歌手却从另一个角度看待这件事。“上帝也老了”，他说，意思是如果上帝的一切都是好的，那么，变老也是好的。

有些老的东西确实好——像老酒、古董、古典小说、古诗词和一些传统概念。这本书就是关于一个传统概念——自然——关于它至今依然具有的价值。事实上，当读者正确理解“自然”的某些特定方面时，就会发现它具有独特的现代性，并推动了行动和注意理论的进步与发展。这本书也是关于智慧——另一个可以通过科学方法更新的传统概念。但这本书不仅涉及抽象的概念，还涉及了这些概念如何被运用。这一事实表明，不仅这一个传统概念可能运用至今，而且其他传统概念同样可以运用至今。

2015年，笔者编辑了一本名为《来自中国的哲学挑战》的书，该书旨在请一些著名学者每人从中国古代挑选一种概念，这些概念可能对当前或长期存在的哲学问题大有裨益。该书的每一章节也都例证传统概念在今天是可以被运用的。该书学者们从《论语》《孟子》《庄子》《吕氏春秋》等著作中汲取资料，并试将这些概念运用到当代伦理学、道德心理学、认识论、形而上学、法哲学和政治哲学中。遗憾的是，没有学者从中国美学中引进概念，但这是一个可以对当代跨文化理论作出重大贡献的领域，而且这个领域在很大程度上尚未开发。

在第二章中，笔者介绍了“自我组织”的概念，并解释了这一概念现在经常被用来解释诸多领域的互动，如物理学、化学、生物化学、人口生物学、气象学、脑科学、心理学、社会学、经济学等。我们极少会说一个群体在任何特定领域都比其他群体具有智力优势，但在笔者看来，中国人以及东亚人会更普遍地有一种知晓自我组织的能力，这能力可以很好地被利用。像笔者这样的西方人倾向于把无知觉的事物看作是独立的、不同的个体，把有知觉的事物也看作是不同的个体：一种是仅仅对刺激有反应（非人类动物）；另一种是来自有意识的意志的内部引导（人类）。科学家们已向我们展示了比这更微妙的事实：人和其他动物的行为在许多不同层次的自我组织中——从细胞及细胞的各个部分一直到生物个体和社会群体——发挥作用。

在中国历史上，甚至在今天，有一种习以为常的观点：人在本质上是社会性的。换言之，没有人可以脱离人类社会而成人，我们都被文明化和社会化才成为一个人。即使我们的身体是独立的，但我们的思想却是由自身所接触过的人相互联系、共同创造的。没有你就没有我。人基本上是多元的，中国人所持的这种观点值得标榜并广泛推广，这种观点还可以扩展到像物理、化学等其他研究领域。可以建立“自我组织”研究中心，聚集来自不同领域的专家学者在一起分享想法。中国人对“自我组织”的直觉能够被培养和指导到各个领域的发展。

自我修养也可以采取类似的做法。自我修养在今天看来似乎带有宗教色彩，但这一点可以改变，这种理念可以应用到各种等级教育中，学生不仅为了考试而学习，而是努力成为更优秀的人——视野宽阔、有远见的思想者，他们也会自我反省，对他人充满同情心。

如果这两个目标都能实现，那么，社会将不仅享受科技进步，还将成为一个人们能安居乐业、分享并享受劳动、文化成果的理想国。

致 谢

深深感谢山东大学儒家文明协同创新中心的王学典主任和我博学、善良的同事们。作为访问学者，我在那里度过了一年的快乐时光。在那里的每一场讲座都由于晓雨女士和学生崔翔精心安排，正因为这一系列的讲座，小书才得以呈现给读者。讲座后与观众的每一次讨论对我来说都是一个学习的机会，对此我很感激。

感谢我的妻子庄钰玲，她放弃美国舒适而安逸的家，陪我一起来中国探险。

感谢安乐哲先生为小书写了一篇视野开阔、富有启发性的序言。

感谢人民出版社刘畅博士，他认为这本书很有潜力，并耐心与我合作，使这个项目取得成果。

感谢赵普先生，通过我们的合作项目一并邀请庄钰玲、马爱菊、叶达走进他的生活，他开阔了我的视野，让我全方位地看到了智慧、文化发展的契机和追求，没有这些就没有我对这本小书的设想。

最后，特别感谢马爱菊博士和叶达博士，他们承担了转录英文版讲座的艰巨任务，并把它们翻译成流畅而精确的中文。马爱菊和叶达礼貌地称我为他们的老师，但在我们相处的一年里，我深信不疑地认为，我从他们那里所学到的远远超过了他们从我这里学到的。

译 后 记

柏啸虎（Brian Bruya），现任美国东密歇根大学历史与哲学系教授。2018 年 9 月—2019 年 7 月，他作为山东大学儒家文明协同创新中心的访问学者，在儒学高等研究院进行为期 10 个月的访问。在访问期间，柏啸虎教授在“儒家文明论坛”，为山东大学的师生带来“中国古代思想是先进的吗？——看最先进的哲学、认识科学和教育心理学”系列讲座。该系列讲座即是该书成书之缘由。在柏教授访问期间，我们是儒学高等研究院的博士生。认识柏教授非常偶然，那是一个平常的午后，我们在楼道不期而遇，有趣的是他讲汉语，我们讲英语，这是故事的开始。由于办公室紧邻，平日里交流逐渐多了起来。

这本书的内容是柏教授访问期间讲座的录音整理和翻译。柏教授全程英语讲述，讲座内容涉及哲学、心理学、神经学等领域，这对很少涉足西方认知哲学和行动哲学领域的我们来说，是一件很困难的事，最初难免有些惴惴不安。幸运的是，柏教授不停地鼓励我们，整理工作和翻译工作进行得很顺利。我们首先将录音内容进行整理，接着由柏教授在我们整理的基础上，将文稿修改润饰，然后我们将修订的英文文稿翻译，最后三人合力修改中文文稿。

柏教授是个热心的学者，他非常热情、非常耐心地回答我们在翻译过程中的种种问题，我们在与柏教授的交流中获益良多；柏教授是个认真的学者，在翻译和修改过程中，有时对文稿中的某一观点或者某一用词意见相左，我们就会讨论甚至进行激烈辩论，争辩使我们成为好朋友。在翻译过程中，我们常常为柏啸虎教授渊博的知识、另辟蹊径的研究方法以及严谨的科研精神所折服。柏教授精通中国哲学，并将中国传统哲学智慧与西方行动哲学、认知哲学融会贯通，从认知科学的视角探讨中国早期思想，并肯定了汉学研究可为推动认知科学和当代哲学发展作出贡献，可谓长国人志气！

这本书能够出版，要感谢的人很多：感谢柏啸虎教授对我们工作的肯定；感谢曾振宇教授、颜炳罡教授对我们翻译这本书的鼓励和支持；感谢人民出版社对这本书的支持；感谢人民出版社刘畅编辑的辛勤付出。本书中可能会有翻译上的错误，当然由译者负责，欢迎读者批评指正。

马爱菊　叶达

2021 年 3 月 15 日

责任编辑：刘　畅
装帧设计：姚　菲

图书在版编目（CIP）数据

自然与智慧：中国古代思想对现代科学与教育的启示／（美）柏啸虎 著；马爱菊，叶达 译．— 北京：人民出版社，2022.8

ISBN 978－7－01－024163－0

I. ①自⋯　II. ①柏⋯②马⋯③叶⋯　III. ①思想史－研究－中国－古代　IV. ① B21

中国版本图书馆 CIP 数据核字（2022）第 261107 号

自然与智慧

ZIRAN YU ZHIHUI

——中国古代思想对现代科学与教育的启示

［美］柏啸虎（Brian Bruya）著

马爱菊　叶 达　译

人民出版社 出版发行

（100706　北京市东城区隆福寺街 99 号）

北京汇林印务有限公司印刷　新华书店经销

2022 年 8 月第 1 版　2022 年 8 月北京第 1 次印刷

开本：880 毫米 ×1230 毫米 1/32　印张：7.5

字数：110 千字

ISBN 978－7－01－024163－0　定价：42.00 元

邮购地址 100706　北京市东城区隆福寺街 99 号

人民东方图书销售中心　电话（010）65250042　65289539